목일신 평전

황수대 지음

목일신 평전

황수대 지음

초록달팽이

발간사

　은성 목일신 탄생 110주년을 맞이하여 그의 삶과 문학을 조명하는 평전을 출간하게 되어 매우 기쁘게 생각합니다.

　선생은 아버지 목홍석이 고흥에서 3.1 운동 주도로 옥고를 치르고 고문 후유증으로 작고한 후 본인 역시 재학 중이던 전주신흥학교에서 광주학생독립운동에 적극 가담하여 구속 후 퇴학당하였습니다. 또한, 일본어로 말하고 써야만 했던 엄혹한 일제강점기, 아버지의 격려로 우리말로 시를 쓰고 이를 지속적으로 신문에 발표하기 시작하였고 우리말 말살 정책에 저항하다 마침내 친일을 거부하고 절필하여 스스로 숨은 별이 되었습니다. 그 후 35년간 국어 교사로, 탁구코치로 예체능을 넘나들며 후학을 양성하는 교육자의 삶을 살았습니다.
　선생의 항일정신과 어린이를 사랑하는 마음은 수많은 작품에 영향을 끼쳤으며 '목일신 문학정신'의 바탕이 되었습니다.
　이처럼 선생의 삶은 그의 작품만큼이나 다채롭고 깊이가 있었습니다. 은성 목일신 탄생 110주년을 맞이하여 선생의 어린 시절부터 성장, 항일운동 참여, 그리고 불굴의 의지로 쌓아 올린 문학적 업적뿐만이 아니라 남편과 아버지로서 한 인간의 삶을 진솔하게 다루어 그 풍부한 삶을 다양한 각도로 조명하고자 이 책을 발간하게 되었습니다.

 이 책이 선생을 한 사람의 작가로서 뿐만이 아니라 한 사람의 인간으로서 이해하는 데 도움이 되어 문인, 연구자 그리고 선생을 알고 싶어 하는 우리 모두에게 교훈과 영감을 주기를 바랍니다.

 선지자 에레미야는 '그는 토기장이요 우리는 질그릇'이라고 외쳤습니다. 질그릇은 토기장이가 빚는 대로 빚어져서 그 모양에 맞는 쓰임새로 주어진 소명을 다해야 한다는 교훈입니다.

 재단법인 일신문화재단은 '목일신'이라는 토기장이가 빚어낸 질그릇입니다.

 '목일신 문학정신'을 온전히 담아낼 수 있는 질그릇이 되는 여정에 이 평전이 길잡이가 되어 주기를 바라며 끊임없이 한 걸음 한 걸음 힘차게 나아가겠습니다.

 마지막으로, 이 책을 편찬하는 데 열과 성을 다하여 오랫동안 헌신해 주신 황수대 박사님에게 깊은 감사의 말씀을 드리고, 책이 나오기까지 도움을 주신 모든 분께 진심으로 감사드립니다.

2023년 12월
목일신문화재단 이사장
양재수

아버지를 기리며

　　아버지가 돌아가실 때 우리 삼 남매가 모두 10대였으니 아버지와 함께 한 시간은 20년이 채 안 됩니다. 아버지를 생각하면 밀려오는 아쉬움과 한없는 그리움……. 아버지가 돌아가신 후 아버지가 대화도 하시고 가족들과 함께 생활하시는 꿈을 꾸면서 꿈속에서 "어? 아버지가 돌아가신 게 아니었네?"라고 안도하며 가슴을 쓸어내리다가, 깨어나면 그것이 꿈인 것을 깨닫고 다시 가슴 아파하곤 하길 여러 해가 흘렀었습니다. 철없는 십 대였던 우리는 아버지와 함께 할 수 있는 날이 별로 남지 않았다는 것을, 그 귀한 시간이 점점 줄어들고 있는 것을 인식하지 못한 채 시간이 흐르고 있었고 돌아가시고 나서야 아쉬운 사부곡을 부릅니다.

　　아버지가 돌아가신 지 30년이 되던 2016년, 그 해를 그냥 넘길 수 없었던 아쉬움에 우리 삼 형제는 30주기 추모음악회를 서울과 부천에서 개최하였고, 이것이 씨앗이 되어 여러 뜻있는 분들의 열정과 응원으로 목일신문화재단이 출범하게 되어 지금까지 여러 의미 있는 행사를

해 오고 있습니다. 이 『목일신 평전』도 그 노력의 일환으로 발간될 수 있었습니다. 이 자리를 빌어서 목일신문화재단의 양재수 이사장님을 비롯해 열정으로 헌신해 주고 계시는 재단의 모든 임원진과 관계자들께 진심으로 감사의 말씀을 드립니다. 평전을 집필하기 위해 온 열정을 다해 애써주신 황수대 박사님께도 깊은 감사의 말씀을 드립니다.

평전을 통해, 일제강점기에 태어나 시를 썼던 소년 문사의 삶과 한 인간으로서의 아버지의 일생을 들여다보며, 불안한 시대의 질곡 속에서 나라 사랑과 문학에 대한 열정으로 살아온 한 사람을 다시 만나게 되었습니다.

아버지의 일생과 더불어, 그분의 삶이 잉태되었던 시절과 선조들의 이야기까지 깊이 조명해주는 이 책을 통해 오늘의 우리를 있게 해준 긴 여정의 뿌리를 볼 수 있었습니다. 그 누구도 지나온 역사와 무관하게 오늘 여기에 서 있을 수 없음을 확인하게 해줍니다.

아버지의 아들이고 딸이어서 행복했습니다. 이 행복을 주변과 널리 나누겠습니다. 그리고 아버지가 보여주신 그 길을 등대 삼아 뚜벅뚜벅 걸어가겠습니다.
감사합니다.

2023년 12월
민정, 수정, 진영

책을 펴내며

올해는 은성(隱星) 목일신 선생이 탄생한 지 110주년이 되는 해이다. 목일신 선생은 일제강점기 그 암울했던 시대에 「자전거」와 「누가 누가 잠자나」 등 많은 동요를 지어 우리의 민족혼을 일깨워준 시인이자, 일제의 폭압에 맞서 싸웠던 항일운동가이다. 해방 후에는 교직에 몸담아 36년간 후학 양성에 매진한 교육자이다.

이처럼 목일신 선생은 시인으로, 항일운동가로, 교육자로 그 누구보다 진솔한 삶을 살았다. 겉으로는 한없이 친절하고 부드러웠다. 하지만 옳지 않은 일에는 단호하게 맞서 싸웠다. 출세나 권력 같은 세속적 욕망과는 애초 거리가 멀었으며 하루하루 허투루 시간을 보내는 것을 경계했다. 특히 아이들과 나라를 사랑했고, 힘없고 가난한 사람들을 위해 늘 앞장서서 나눔과 배려를 실천한 참 스승이었다.

하지만 아직도 많은 사람이 목일신 선생에 관해 잘 모른다. 국민동요 「자전거」와 「누가 누가 잠자나」는 알아도 그 노랫말을 지은 사람이 목일신 선생이라는 것을 아는 사람은 많지 않다. 이는 필자도 마찬가지였다. 어릴 적 학교에서, 집에서, 놀이터에서 친구들과 함께 숱하게 「자전거」와 「누가 누가 잠자나」를 불렀고, 아이들을 키우면서 이들 노래를 자주 불러주었으면서도 정작 그것이 목일신 선생의 작품이라는 것을 알지 못했다.

그러다가 1930년대 동시를 주제로 박사학위 논문을 준비하다가 목일신 선생을 만났고, 연구를 진행하면서 그가 문학적으로나 인간적으로 무척 훌륭한 인물이라는 것을 알았다. 그런데도 목일신 선생은 일찍 창작활동을 접고 오랫동안 문단과 거리를 두고 지낸 탓에 그동안 학계로부터 제대로 평가받지 못했다. 오히려 학계보다 지자체에서 먼저 그의 삶과 문학을 재조명하고 있는 것이 안타까웠다.

이 책은 크게 두 가지 목적에서 집필하게 되었다. 하나는 목일신 선생의 삶과 문학을 널리 알리기 위한 것이고, 다른 하나는 이전 연구에서 다루었던 내용을 수정·보완하기 위한 것이다. 이전 연구의 경우 1930년대 발표한 동요만을 다루었던 까닭에 다른 작품에 관해서는 깊이 살펴보지 못했다. 또한 후속 연구를 통해 이전 논문에 잘못된 내용이 있는 것을 알았다. 따라서 그와 같은 문제를 해결해야 할 필요성이 있었다.

지난 2년 동안 이 책을 쓰기 위해 목일신 선생의 행적을 찾아 고흥으로, 전주로, 보성으로, 순천으로, 목포로, 서울로, 부천으로 뛰어다녔다. 하나의 작품을 더 찾기 위해 수십 년 치의 신문과 잡지를 열람했으며, 도서관과 헌책방을 찾아다녔다. 그 과정이 몹시 힘들었지만 그 나름의 성과와 보람이 있었다. 그동안 알려지지 않았던 새로운 작품을 스무 편 가까이 발굴하고, 그간의 잘못된 정보를 수정·보완하면서 연구의 재미를 느낄 수 있었다.

하지만 목일신 선생의 행적을 추적하는 일은 쉽지 않았다. 그가 주로 활동했던 1930년대에 발행되었던 신문이나 잡지 등이 많이 소실되어 서지정보를 확인하는 데 어려움이 많았다. 발표 작품 외에는 자료가 많지 않았고 목일신 선생에 관해 이야기를 들려줄 만한 사람도 찾기가 힘들었다. 따라서 마치 퍼즐 조각 맞추듯 단편적인 정보들을 하나하나 맞추면서 행적을 따라가야 했다.

이 책은 크게 본문과 부록으로 이루어졌다. 본문은 목일신 선생의 연보를 바탕으로 전체를 서른 개의 항목으로 나누어 기술했고 부록은 새롭게 발굴된 작품과 수정된 내용을 바탕으로 작성한 작품과 생애 연보, 사진 자료 등으로 구성했다. 가독성을 고려해 특별한 경우가 아니면 한자어 표기는 가능한 한 피했으며 풍부한 자료 사진과 가독성을 높인 디자인을 통해 독자들이 편하게 읽을 수 있도록 특별히 신경을 썼다.

야심 차게 출발했지만 막상 작업을 끝내고 보니 아쉬운 점이 많다. 현실적인 문제로 미처 확인하지 못한 부분도 더러 있고 잘못된 해석이나 정보가 포함되었을 가능성도 완전히 배제하기 어렵다. 만일 그와 같은 내용이 있다면 이는 모두 필자의 능력 부족에 따른 것으로 추후 연구를 통해 점차 보완해 나갈 것을 약속드린다. 모쪼록 이 책이 목일신 선생의 삶과 문학을 널리 알리는 데 조금이나마 도움이 되었으면 좋겠다.

마지막으로 이 책이 나오기까지 애써 주신 많은 분께 감사드린다. 특히 목일신문화재단 양재수 이사장님과 목일신 선생님의 장녀인 목민정 선생님의 도움이 없었으면 애초 불가능한 일이었다. 물심양면으로 많은 도움을 주신 두 분께 이 자리를 빌려 깊은 감사를 드린다. 또한 책을 예쁘게 편집하고 디자인해 주신 윤영진 편집자님과 도서출판 초록달팽이 김수왕 대표님께 깊은 감사의 말씀을 전한다.

2023년 겨울 초입에서
황수대

차례

004 발간사
006 아버지를 기리며
008 책을 펴내며

제1부 목일신의 삶과 문학

018 고흥의 숨은 별, 은성 목일신
022 일신, 너 하나만 믿는다
029 고흥 최초의 기독교 신자들
035 조사 목홍석과 1919년 고흥 독립만세운동
041 흥양보통학교와 고흥어린이수양단
048 소년 문사의 탄생
054 동요「자전거」탄생에 관한 이야기
059 매산학교 입학과 아버지의 죽음
068 신흥학교와 광주학생운동
076 토막연필로 감옥에서 시를 짓다

081 퇴학 후, 동요창작에 전념하다
088 신춘문예 5관왕에 오르다
093 김소운과 이상, 그리고 《아동세계》
099 계몽운동과 경성방송국에서의 동화 방송
105 필명과 관련한 이야기
112 유행가를 쓴 이유
120 목일신 동요에 곡을 붙인 작곡가들
128 영신학교와 일본 유학, 청진방송국
134 조선어 말살정책과 절필
142 교육에서 애국의 길을 찾다
148 순천고등여학교와 목포여중 교사 시절
155 탁구 천재 위쌍숙·위순자 자매와의 만남
162 이화여자고등학교 교사 시절
167 배화여자중·고등학교 교사 시절
173 교사 목일신의 면모
181 한글 사랑과 만능 체육인

187   남다른 가족 사랑

192   고흥군민의 노래와 노래비 건립

197   시인의 죽음

204   목일신 문학에 대한 평가

제2부 목일신을 기리는 사람들

218   목일신문화재단

227   부천시

235   고흥군

244   목일신 활동 자료

부록

268   시인 연보

279   작품 연보

296   참고 문헌

제1부

목일신의 삶과 문학

고흥의 숨은 별, 은성 목일신

　고흥군은 전라남도 동남부 해안에 자리하고 있다. 동쪽으로는 순천만, 서쪽으로는 득량만, 남쪽으로는 제주해협, 북쪽으로는 보성군과 이웃해 있다. '고흥반도'라는 명칭에서 알 수 있듯이 보성군과 육지로 연결된 북쪽을 제외한 3면이 모두 바다로 둘러싸여 있다. 행정구역상 2개의 읍과 14개의 면으로 나누어져 있고, 사람이 살지 않는 무인도를 포함해 총 206개의 크고 작은 섬으로 이루어져 있다. 한센병 환자를 치료하기 위해 설립한 국립소록도병원과 얼마 전 '누리호'를 성공적으로 발사한 나로우주센터가 있는 곳이다.
　고흥이 우리나라 역사에 처음 등장한 것은 고려 시대이다. 고흥은 본래 장흥에 딸린 작은 마을이었으나, 고려 충렬왕 때 고흥현으로 승격되었다. 이후 조선 세종 때 보성군의 남양현과 합쳐져 흥양현이 되었으며, 고종 때 지방제도 개혁에 따라 이름이 흥양군이 되었다. 그러다가 일제강점기인 1914년 행정구역을 개편하면서 고흥군으로 다시 명칭이 바뀌어 오늘에 이르고 있다.

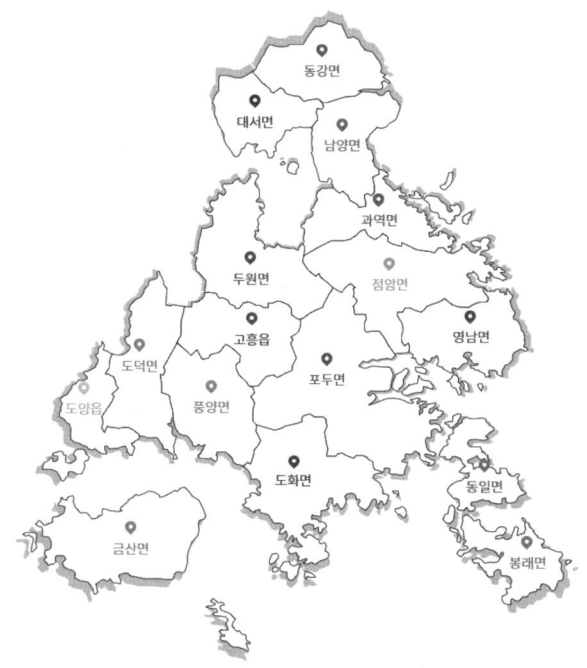

〈고흥군 행정지도, 고흥군청〉

 2023년 4월 기준 고흥의 인구는 대략 6만 명으로 매년 그 수가 큰 폭으로 줄어들고 있다. 하지만 한때 고흥은 인구가 20만 명을 훌쩍 넘겼을 만큼 제법 규모가 큰 도시였다. 온화한 기후와 비옥한 토양, 남해의 청정바다에 접해 있어 비교적 자원이 풍부했기 때문이다. 또한 우리나라에서 산지로는 유일하게 해상국립공원에 포함된 팔영산과 흔히 지붕 없는 미술관으로 불리는 연홍도, 후박나무와 동백으로 유명한 쑥섬 등 지금도 많은 관광객이 찾고 있을 만큼 아름답고 뛰어난 자연환경을 지녔기 때문이다.

⟨연홍도⟩　　　　　　　　　　　⟨쑥섬⟩

⟨팔영산에서 바라본 다도해 경관, 고흥군청⟩

　그와 같은 환경 덕분에 고흥은 일찍이 향교와 서원, 서당 같은 교육기관이 마을마다 세워졌다. 해방 이전에 10여 개의 보통학교가 세워졌을 정도로 교육열이 높았다. 현재 고흥군에만 건립된 지 100년이 넘는 교회가 13개나 될 만큼 근대문명을 수용하는 데도 다른 지역에 비해 적극적이었다. 그 결과 예로부터 고흥은 과거 급제자를 비롯해 의병장, 독립운동가, 예술가, 운동선수 등 유명한 인물을 많이 배출했다.
　가령 1919년 고흥 독립만세운동 주동자로 체포되어 징역형을 선고

받았고, 출옥 후 신학을 공부하여 목사로 활동하면서 민족의식 고취에 힘을 쏟았던 독립운동가 오석주(1888~1952). 일제강점기 임방울과 함께 양대 산맥을 이룬 판소리 명창으로 기존의 판소리에 연극을 접목하여 '창극'이라는 새로운 장르를 개척한 동초 김연수(1907~1974). 초현실적인 화면에 시적인 이미지들을 결합하여 전통적인 한국화에서는 보지 못했던 새로운 화풍을 만들어 낸 화가 천경자(1924~2015). 한국 프로레슬링의 전성기를 이끌며 모두가 힘들었던 시절 박치기 하나로 전 국민에게 희망을 주었던 김일(1929~2006). 우리의 전통 서정시에 역사성과 현장성을 접목한 시를 발표하여 시단으로부터 크게 주목받았던 시인 송수권(1940~2016) 등이 바로 고흥 출신이다.

일제강점기 동요 시인으로 활동했던 목일신(睦一信)도 그 가운데 하나이다. 그는 한국 사람이라면 누구나 한번은 불러보았을 국민동요 「자전거」, 「누가 누가 잠자나」, 「자장가」 등의 노랫말을 쓴 시인이다. 또한 중학교 재학 중 광주학생운동에 참가하여 일제의 폭압에 맞서 싸웠던 항일운동가이자, 해방 후에는 교직에 몸담아 36년간 후학 양성에 매진한 교육자로 고흥이 낳은 대표적인 인물이다.

다행스럽게도 지금은 고향인 고흥과 생전에 거주했던 부천에서 목일신의 삶과 문학을 조명하는 행사들이 꾸준히 진행되고 있지만, 사실 불과 10년 전만 해도 그에 관해 아는 사람은 그리 많지 않았다. 2011년 이정석(「찌르릉! 목일신 동요 연구」, 한국아동문학연구 제20호, 2011)에 의해 호명될 때까지, 목일신은 문학계는 물론 일반 대중에게 자신의 호인 은성(隱星)처럼 마치 '숨은 별'과도 같은 존재였다.

일신, 너 하나만 믿는다

목일신은 1913년 1월 18일 고흥군 고흥읍 행정리에서 아버지 목홍석(睦玆錫)과 어머니 신애은(申愛恩)의 3남 2녀 중 장남으로 태어났다. 본관은 사천(泗川), 호는 은성(隱星)이다.

사천 목씨는 경상남도 '사천'을 본관으로 삼고 있다. 2015년 통계청 기준 총인구가 8,848명으로 본관이 하나뿐인 희귀 성씨이다. 시조는 고려 때 요무장군 낭장동정(耀武將軍 郎將同正)을 지낸 목효기(睦孝基)이다. 목씨는 비록 소수 가문이지만 조선 시대에 과거 급제자를 132명이나 배출했다. 그 가운데 문과 급제자만도 34명이나 될 만큼 알아주는 명문가 중 하나이다. (사천목씨 종친회 홈페이지 참조)

목일신은 시조인 목효기의 22세 후손으로 족보상의 이름은 목원옥(睦源玉)이다. 제적등본과 족보를 제외하면 현재 목일신 가문에 관해 구체적으로 알려진 내용은 많지 않다. 다만 목일신이 태어났을 당시의 사회적 배경이나 혼인 관계 등을 통해 그의 집안이 어땠는지 대략 추정해 볼 수 있을 뿐이다.

```
20세 인범(仁範)    - 21세 홍석(弘錫)   - 22세 일신(一信)   - 23세 민정(旻程)
처: 류정서           처: 신애은           처: 정경자           23세 수정(秀貞)
                                                              23세 진영(陳烸)

                                        22세 원태(源泰)
                                        22세 원상(源常)

                                        22세 옥봉(玉鳳)
                                        22세 옥순(玉順)
```

〈목일신 직계가족도〉

위는 목일신의 직계 4대를 나타낸 가계도이다. 목일신의 조부인 목인범은 철종 11년인 1860년에 태어나 1940년에 사망했다. 그는 첫째 부인 고령 신씨와의 사이에서 1남 1녀를, 둘째 부인 류정서와의 사이에서 3남 3녀를 두었다. 목일신의 아버지 목홍석은 류 씨가 낳은 여섯 자녀 중 장남으로 1885년에 태어나 1928년에 사망했다. 그는 고령 신씨 애은과 1901년에 결혼하여 3남 2녀를 두었는데 목일신은 둘째이자 장남이다. 위로는 일곱 살 많은 누나 옥봉이 있고, 아래로는 여덟 살과 열두 살 적은 남동생 원태와 원상 그리고 열다섯 살이 적은 여동생 옥순이 있다. 유가족에 따르면 목일신의 위로 아들이 하나 더 있었는데 일찍 사망하였다. 아들의 죽음을 슬퍼하던 어머니에게 산신령이 나타나 그보다 더 훌륭한 아들을 준다고 말하는 태몽을 꾸고 낳은 이가 바로 목일신이라고 한다.

이처럼 목일신의 할아버지와 아버지는 모두 고령 신씨 가문의 여성과 결혼했다. 당시는 유교문화가 강하게 지배하고 아직 신분제가 온전히 폐지되기 전이어서 비슷한 계급의 집안과 결혼하는 것이 관례였다. 목일신 집안과 대를 이어 혼인 관계를 맺은 고령 신씨 가문은 고흥에서 대대로 향리를 지냈는데, 목일신의 할아버지 목인범도 향리 출신으로 왕실 소유 토지인 도양목장의 '북어포장토'를 관리하던 사람이었다. (송현강, 「고흥 향리와 기독교」, 《기독교사상》 통권 760호, 대한기독교서회, 2022)

향리는 고려와 조선 시대에 대대로 지방관청의 행정을 맡아보면서 중앙에서 파견된 지방관을 보좌하며 실무를 담당한 토착적이고 세습적인 하급 관리를 지칭하는 말이다. 다소 차이는 있지만 향리는 대체로 자신의 토지를 소유하고 있었다. (황규학, 『나의 신앙 유산답사기-전남 편』, 에셀나무, 2021) 이를 바탕으로 그들은 토착 지역 내에서 상당한 경제적·정치적·사회적 영향력을 행사했으며, 조선 후기에는 서양 문물을 적극적으로 수용하는 등 사회변혁을 이끌어가는 중추적 역할을 했다.

이런 사실로 보아 목일신의 조상은 대대로 경제적으로나 사회적으로나 크게 부족함이 없었을 것으로 보인다. 목일신 역시 아버지 목홍석이 늘 가난한 사람들과 나누려 했기 때문에 풍족한 편은 아니었지만 그렇다고 경제적으로 큰 어려움을 겪지는 않았던 것 같다. 그가 남긴 산문 가운데는 어릴 적 그의 모습을 엿볼 수 있는 글이 몇 편 있다.

새해를 맞는 것이 무엇이 그다지도 즐거웠든지요? 첫재 고은 꼬까옷을 마음껏 입는 기쁨! 맛있는 것을 마음껏 먹는 자미! 또한 일가집에 세배를 다니며 가진 귀염을 다-받아가면서 세배ㅅ돈을 주머니에 가득히 넣어오든 즐거움! (중

략) 하여간 어린 시절을 상상(想像)하여보면 모다 못 견디게도 그리웁고 잊지 못할 추억뿐이외다

- 「기쁘든 설」 중에서(《아이생활》, 1935)

나 때문에 억울한 욕을 보았건마는 조금도 변함이 없이 나를 몹시 귀여워해 주었으므로, 얼마나 섭섭했던지 모릅니다. 나는 벼르고 벼르다가 6학년 때 여름방학에 드디어 자동차로 누나의 집을 찾아갔읍니다. 그때 새 매형(누나의 남편)되는 분은 의과 대학을 나온 미남형의 호남아였는데 음악을 퍽 잘 하였으며 성악은 물론 키타-와 봐요링을 퍽 잘 타는 분이었습니다. 그 어느 달밤에 누나와 세 사람이 뒷동산에 올라가서 놀다가 그때 처음으로 듣는 노래 "푸른 하늘 은하수"의 동요를 매형의 그 고운 목소리를 통하여 들엇을 때의 그 신비로웁고 아름다웠던 감흥은 지금까지도 잊혀지지가 않는 것입니다.

- 「여름 방학이면 생각나는 일」 중에서(《새벗》, 1957)

첫 번째 글은 목일신이 어릴 적 경험한 설날 풍경을 적은 것이다. 그는 이 글에서 새해를 맞아 꼬까옷 입고, 맛있는 음식 먹고, 세뱃돈 받는 일 등을 길게 나열한 다음 그 시절이 못 견디게 그립다고 말하고 있다. 그런데 사실 목일신이 추억하는 그 당시는 일제강점기로 일제의 국권 침탈과 경제적 약탈로 인해 무척 힘들고 암울했던 시기이다. 그것은 그가 살던 고흥도 마찬가지여서 가정 형편이 어려워 학교에 입학하지 못한 아이들을 위해 지역 유지들이 돈을 모아 야학을 세웠다는 기록이 있다. 하지만 이 글에서 보듯이 어릴 적 목일신의 모습은 그와 거리가 멀다.

두 번째 글은 목일신이 보통학교 시절 누나와의 추억을 회상한 것이다. 그는 이 글에서 자기 때문에 어머니에게 심한 꾸지람을 들었음에도 변함없이 귀여워해 주었던 누나가 시집을 가서 몹시 섭섭했다고 적고 있다. 그러면서 누나의 남편이 의과 대학을 나온 미남형의 호남아였다고 밝히고 있다. 이 글에는 더 이상의 언급이 없지만 누나의 남편 즉 목일신의 매형은 의사 강대헌(姜大憲)으로 해방 직후 국립소록도병원 제7대 병원장을 지낸 인물이다. 지금도 의사가 되기 어렵지만 당시는 지금과 비교할 수 없을 만큼 의사 되기가 힘들었던 시기였다. 따라서 의사에게 딸을 시집보내려면 웬만한 경제력이나 사회적 지위가 없으면 불가능한 일이었다.

〈목일신 생가, 고흥읍 행정리〉

그렇다고 어린 시절 목일신이 마냥 풍족했던 것은 아니다. 생전 목일신의 회고에 따르면 그 어렵던 시절 아버지 목홍석은 예배가 끝나면 늘 가난한 사람들을 집에 데려와서 밥을 먹이곤 했다고 한다. 목일신과 형제들은 밖에서 창호지 구멍을 통해 손님이 밥 먹는 모습을 보고 있다가, 손님이 밥에 물을 부어버리면 "앙~~" 하고 울음을 터뜨렸다고 한다. 혹 손님이 밥을 남기면 그것을 먹을 요량으로 애타게 기다렸는데, 손님이 밥에 물을 부어버리자 허탈해서 그만 울음을 터뜨리고 만 것이다.

목일신이 보통학교를 졸업하던 해에 아버지 목홍석이 세상을 떠났음에도 훗날 목일신과 동생 목원태는 선교사의 도움으로 각각 일본 유학을 다녀왔다. 또 다른 남동생 목원상은 의사가 되었다. 이런 사실은 당시 목일신의 집안이 고흥에서 사회적·경제적으로 상당한 위치에 있었다는 것을 말해준다. 남동생 목원태의 흥양보통학교 학적부에는 주소가 할아버지 집인 행정리 424번지로 기재되어 있다. 이를 통해 할아버지 목인범이 사망한 아들을 대신해 손주인 목일신과 그의 형제들을 돌봐주었다는 것을 알 수 있다.

그런데 목일신의 제적등본을 보면 조금 의아한 부분이 있다. 그것은 제적등본에 올라 있는 목일신의 이름이 같은 항렬인 사람들과 다르다는 것이다. 보통 항렬이 같으면 이를 나타내기 위해 특정한 돌림자를 넣어 이름을 짓는다. 가령 목일신은 사천 목씨 시조인 목효기의 22세 후손으로 '원(源)'자를 돌림자로 쓴다. 하지만 목일신의 경우 장손이자 장남임에도 족보상의 이름인 원옥(源玉)이 아니라 일신(一信)이라는 이름으로 제적등본에 올라가 있다.

이에 대해 목일신의 장녀인 목민정은 아버지에게 들은 이야기라며 '일신'은 목회자이자 독립운동가였던 할아버지 목홍석이 직접 지어준 이름으로 '너 하나만 믿는다'라는 뜻을 담고 있다고 한다. 이름에 얽힌 그와 같은 일화를 듣고 나니 문득 그 이름이 지닌 무게감이 절대 가볍지 않았을 것이라는 생각이 들었다. 그러면서 목홍석은 어떤 생각으로 목일신에게 그런 이름을 지어주었을까, 목일신은 그런 아버지의 기대에 부응하려고 얼마나 애를 썼을까 등 여러 생각이 교차했다.

고흥 최초의 기독교 신자들

우리나라에 기독교가 언제 들어왔는지, 기독교 선교의 시발점은 언제인지에 관해 의견이 분분하다. 하지만 한국 기독교회에서는 미국 북장로회 소속 의료선교사 알렌(Horace. n. Allen, 安蓮, 1858~1932)이 입국한 1884년 9월 20일을 한국 개신교 선교의 출발점으로 삼는다. (소재열, 「고흥 거금도(금산) 기독교 복음의 전래」, 리폼드뉴스, 2022.2.25) 알렌은 1884년 12월 갑신정변 때 개화파로부터 치명상을 입은 명성황후의 조카 민영익을 치료하여 목숨을 구했다. 이를 계기로 그는 왕실과 깊은 교분을 나누었고 고종의 도움으로 1885년 2월 우리나라 최초의 서양식 병원인 제중원을 세웠다.

이처럼 기독교 선교가 시작될 무렵에는 갑신정변의 실패로 개화파에게 여러모로 불리한 상황이었다. 그 때문에 안전상의 문제로 선교사들의 입국이 원활하지 않았다. 이후 1885년 알렌의 도움으로 미국 장로교회의 언더우드(H. G. Underwood) 선교사와 미국 감리교회 아펜젤러(H. G. Appenzeller) 선교사가 입국하면서 본격적인 선교가 시작되었다. 하지만 당시 선교사들의 활동은 주로 의료와 교육 분야에 한정되어 있었고 기독교 복음을 전도하는 일은 금지되어 있었다.

그러다가 우리나라에 기독교가 널리 퍼진 것은 1894년 동학농민운동과 청일전쟁 이후이다. 동학농민운동의 실패와 청일전쟁 과정에서 드러난 유교주의의 한계, 가공할 만한 서양 문물의 위력은 당시 민중들에게 큰 충격을 주었다. 이러한 상황에서 기독교는 위기에 처한 사회를 구원할 새로운 대안으로 떠올랐다. 즉 신앙의 힘으로 자신의 생명과 재산을 지키려는 사람들과 기독교사상을 통해 근대적인 민족운동을 이끌어가려는 사람들이 기독교에 입문함으로써 교인의 수가 급증했다. (유재숙, 「타문화 선교 관점에서 본 한국 초기 개신교회의 문서선교 역사: 1876-1945년까지의 기간을 중심으로」, 합동신학대학원대학교 석사학위논문, 2004)

하지만 모든 지역에서 기독교에 우호적이었던 것은 아니었다. 호남의 경우 다른 지역에 비해 선교가 늦게 이루어졌는데, 이는 호남이 봉건사회의 부정부패 척결 및 반외세의 기치를 내걸었던 동학농민운동의 발생지로 선교사들이 파견을 꺼렸기 때문이다. 호남지역에서 처음 선교가 본격적으로 시작된 것은 1892년이다. (황규학, 앞의 책) 1891년 안식년을 맞아 본국으로 돌아간 언더우드 선교사와 당시 미국에 유학 중이던 윤치호가 강연을 통해 조선 선교의 필요성을 연설했는데, 이에 감동한 미국 남장로회 소속 7인의 선교사가 입국한 것이 호남지역 선교의 시발점이었다. (「7인의 선교사」, 전라북도기독교성지화사업추진협의회 홈페이지 참조)

〈미국 남장로회 소속 7인의 선교사, 전라북도기독교성지화사업추진협의회〉

고흥에 처음 선교사가 들어온 것은 1894년 동학농민운동이 일어날 무렵이다. 미국 남장로회 소속 레이놀즈(William David Reynolds)와 드류(Alexsando Damen Drew) 선교사는 약 40일간 호남지역 선교를 위해 답사 여행에 나선다. 3월 20일 서울을 떠난 이들은 제물포에서 증기선을 타고 군산에 도착하여 육로를 통해 목포로 갔다. 그다음 다시 배편을 이용해 절이도 즉 현재의 금산면을 거쳐 4월 29일 흥양 읍성에 들어와 선교활동을 했는데 당시 향리 계급들과 촌로들로부터 환대를 받았다.

레이놀즈와 드류의 뒤를 이어 두 번째로 고흥에 들어온 선교사는 유진벨(Eugene Bell)과 오웬(Clement C. Owen)이다. 이들은 1897년 호남지역 선교를 위한 2차 답사 여행 중에 고흥에 들어와 당시 읍내에서 한약방을 운영하던 한의사 신우구(1854~1927)에게 복음을 전한다. 아마도 1차 답사에 나섰던 레이놀즈와 드류, 2차 답사에 나섰던 오웬 모두 의학과 약학 전공자들로 의료사업을 병행했던 관계로 한의사인 신우구를 중심으로 선교를 진행한 것으로 보인다. (송호철,「근대 고흥 기독교의 수용과 활동」,《인문학술》통권 제4호, 순천대학교 인문학술원, 2020)

이후 1905년 4월 오웬 선교사가 다시 고흥을 방문해 신우구가 운영하던 한약방에 머물며 전도하면서 첫 예배가 이루어졌다. 고흥읍교회 당회록에 따르면 이것이 옥하리 교회 즉 현 고흥읍교회의 출발이다. 이때 예배에 참석한 신우구, 목홍석, 박용섭, 박무웅, 설준승, 이춘흥이 바로 고흥 최초의 기독교 신자들이다. (송현강, 앞의 글) 그 가운데 특히 신우구는 자비를 들여 1907년 서문 동정지(東町地) 뒷동산에 16평의 예배당을 건축하고 1924년 서서평(Elisabeth Johanna Shepping) 선교사의 양녀 곽애례를 며느리로 맞는 등 고흥의 기독교

〈고흥읍교회(구, 옥하리교회) 전경〉

수용 및 전파에 크게 공헌했다.

당시 고흥은 다른 지역에 비해 비교적 기독교가 순조롭게 전파될 수 있었다. 이는 무엇보다 지역 유지였던 향리들의 역할이 컸다. 즉 이들이 동학에 반대하면서 기독교를 수용하는 데 적극적이었기 때문이다. 1862년 삼정 문란으로 고흥에서도 농민봉기가 발생했고 이는 자연스럽게 농민들이 동학을 수용하게 만들었다. 고흥의 동학도들은 1895년 6월 봉기하여 남원성에 입성하기 전 현청에 들어가 향리를 구타했다. 이에 향리들은 동학에 강한 거부감을 보였고 선교사들이 전하는 의료선교와 새로운 복음에 더 많은 관심을 보였다.

실제로 고흥에서 기독교 수용에 가장 중심적인 역할을 담당한 한의사 신우구는 형방과 이방을 지낸 향리 출신으로 중추원 의관을 지냈다. 그는 뛰어난 의술과 처방으로 크게 이름을 떨쳐 당대 고흥에서 3대 부자로 알려진 인물이다. 신우구와 함께 첫 예배를 보았던 박무웅은 이방과 형방을 역임한 토착 향리였으며 박용섭과 설준승도 향리 출신이었다.(송현강, 앞의 글) 그 가운데 나이가 가장 어렸던 목홍석은 향리가 아니었으나 그의 아버지가 왕실 소유의 토지를 관리하던 향리였다.

더욱이 이들은 대부분 혼인 관계로 연결되어 있다. 설준승은 신우구의 큰아버지인 신극모의 사위이고, 박용섭과 박무웅은 신우구의 사촌인 신진구의 사위들이다. 그리고 목홍석은 신우구의 둘째 형인 신언구의 딸 신애은의 남편이다. 따라서 설준승을 제외한 나머지는 모두 신우구의 조카사위인 셈이다. 이러한 특수한 관계로 인해 이들은 자신들에게 적대적이었던 동학군 세력을 물리치고 호남의 다른 어떤 지역보다 빠르게 고흥에 기독교를 전파할 수 있었다.

이에 대해 송현강은 당시 고흥의 향리들은 조선 후기 새롭게 등장한 지역사회의 중간 계급으로 사회변화에 효과적으로 대응하면서 상당한 부와 행정권을 장악했으며, 이를 기반으로 자신들의 지역 내에서 사회적 영향력을 확대해 나갔다고 말한다. 이들은 전통적인 양반에 비해 유교나 성리학에 대한 충성도가 약했고 그런 만큼 근대 문물을 포용하는 데 적극적이었다는 것이다. 여기에 동학 농민군의 주요 척결 대상이었던 탓에 그들에게는 기독교가 하나의 피난처이자 유력한 대안이었을 것이라고 지적한다.

조사 목홍석과 1919년 고흥 독립만세운동

1905년 4월 오웬 선교사의 전도로 첫 예배가 이루어지고 나서 고흥의 초기 기독교 신자들은 1906년 9월 옥하리 신우구의 한약방에서 정식으로 교회를 설립했다. 이것이 바로 옥하리교회 즉 지금의 고흥읍교회이다. 이후 점차 교인이 늘어나 장소가 비좁아지자 1907년 신우구가 자비를 들여 서문 동정지(東町地) 뒷동산에 초가집을 지어 그곳으로 교회를 옮겼다. 그러다가 1922년 신우구와 박용섭이 거금을 출연하고, 다른 교인들이 십시일반 돈을 모아 옥하리에 새로 교회를 건축했다.

이처럼 고흥의 초기 기독교 신자들은 첫 예배 이후에도 계속해서 기독교의 성장을 위해 노력했다. 그 가운데 목홍석의 활동이 가장 두드러졌다. 그는 처삼촌인 신우구의 권유로 기독교에 입교했다. 첫 예배가 시작되었을 당시 함께 참여한 사람들은 모두 40~50대였고, 목홍석만이 유일하게 20대의 젊은이였다. 그런 만큼 특별히 당시 고흥을 방문한 선교사들에게 발탁되어 그들의 선교활동에 많은 도움을 주었을 것으로 생각된다.

1910년. 보성군 대치리교회가 성립하다. 선시에 무만리 교인 이형숙, 조규혁의 전도로 본리 신성일이 믿고 3년간 무만리교회에 왕래하며 (중략) 전도하야 박문백, 이원백, 이도삼, 이화일, 김영선, 손계응, 문경조, 김사윤 등이 일시 신종함으로 온동에 예배당을 신건하고 교회를 분립하얏다가 본리에 이전하얏고 기후에 선교사 고라복, 안채륜, 구례인 목사 정태인 조사 목치숙, 황보익, 한익수 등이 차제시무하니라. (차재명, 『조선예수교장로회사기-상권』, 한국기독교사연구소, 2014)

1912년. 보성군 동막교회가 설립되다. 선시에 선교사 안채윤이 조사 목치숙으로 전도ㅎ게 하여 임종대외 수삼인의 가족이 신종하다가 봉계 퇴보되고, 임종대, 정기신의 대소가가 회심 출연하여 6간 예배당을 매수하니라. (양전백 외, 『조선예수교장로회사기-하권』, 한국기독교사연구소, 2017)

　* 목치숙은 목일신의 아버지 목홍석의 또 다른 이름이다. 1919년 고흥 독립만세운동 당시 신분을 감추기 위해 아내의 이름을 빌려 목치숙이라는 이름을 사용하였다. 독립유공자 공훈록 및 조선예수교장로회 사기 등에는 본명 대신 가명인 목치숙으로 기재되어 있다.

위에서 보듯이 목홍석은 1910년 조선예수교장로회 전라대리회(全羅代理會)로부터 예비 목회자인 조사(助師)로 임명받아 보성군 대치리교회의 교역자가 되었다. 1912년에는 몇 해 전 지역을 순회하다가 급성 폐렴으로 갑자기 사망한 오웬 선교사의 뒤를 이어 부임한 프랏(Charles Henry Pratt, 안채윤) 선교사와 함께 동막교회를 설립하고, 1918년에는 고흥군 옥하리교회의 장로로 임명되는 등 점차 활동 반경을 넓혀 호남지역 기독교의 성장 및 발전에 크게 헌신했다.

〈『조선 예수교 장로회사기 상·하』, 한국기독교사연구소, 2017〉

그 결과 목홍석은 1919년 2월 1일에 전남노회의 결정으로 평양신학교 입학을 허가받는다. 평양신학교는 1901년 장로교 선교부와 조선 예수교 장로회가 기독교 교역자를 양성하기 위해 평양에 설립한 학교이다. 당시 평양신학교의 입학생은 한 해에 삼십 명 정도로 정식으로 목회자가 되기 위해서는 그곳에서 정해진 교육과정을 이수해야만 했다. 따라서 당시 목홍석이 평양신학교에 입학을 허가받았다는 것은 그가 교단으로부터 상당한 신임을 받고 있었다는 것을 말해준다.

그런데 1919년 3월 3일 목홍석은 그의 인생에서 가장 중대한 사건을 경험한다. 그는 평양신학교에 입학하기 위해 서울에 체류하던 중 오석주와 함께 3·1 만세운동에 참가하게 된다. 오석주는 고흥군 금산면 신평리 출신으로 목홍석보다 앞서 1917년 전남노회로부터 신학생으로 선발되어 당시 평양신학교에 재학 중이었다. 만세운동에 참가해 큰 충격을 받은 목홍석은 평양신학교 입학을 미루고 독립선언서를 구해 고흥으로 내려온다. 그리고 고흥군 남양면 신흥리에 사는 기독교인 이형숙 등을 만나 국제정세와 독립만세운동의 필요성을 역설하고, 4월 14일 고흥 장터에서 함께 거사하기로 약속한다.

목홍석은 4월 7일 오석주를 만나 태극기와 독립선언서 제작을 의논하고, 고흥읍과 동강면에 있는 기독교인들에게 연락해 동지들을 규합해 달라고 부탁한다. 이에 오석주는 한익수와 처남인 황보익 등을 설득해 만세 시위에 함께하기로 약속하고, 한익수에게는 〈조선독립고흥단〉의 이름으로 선언서를 작성할 것을 부탁한다. 하지만 안타깝게도 거사 당일 엄청난 폭우가 쏟아져 시위가 어렵게 되자 목홍석은 고흥군수와 순천법원 지청장, 순천 헌병대 보조원 등에게 자체 제작한 독립선언서를 보내고 결국 일본 경찰에 체포된다.

목홍석이 보낸 선언서에는 "일본이 지켜야 할 도리를 어기고 합병을 선언하였는데, 그 당시 주권자인 조선 신민으로 그것을 희망하는 자, 매국노 몇 사람을 제외하고 얼마나 있겠는가! 우리 민족은 독립만이 살길이요, 합병은 죽음일 따름이니 독립을 널리 선포하노라"와 같은 내용이 담겨 있다. (박혜연, 「일본 제국주의에 정면으로 맞선 고흥 3·1운동」, 《무등일보》, 2019.12.24) 이는 우리나라를 강제로 침탈한 일본의 행위를 날카롭게 비판하고, 독립에 대한 우리 민족의 결연한 의지를 밝히고 있다는 점에서 1919년 고흥 독립만세운동이 지닌 가치와 의의를 잘 보여준다.

비록 고흥 만세운동은 성사되지 못했지만 이는 일제에 대한 고흥 기독교인들의 강한 저항정신과 독립에 대한 굳은 의지를 잘 보여준 사건이었다. 이후 목홍석과 오석주는 독립만세운동을 기획한 주동자로 일본 경찰에 체포되어 재판에 넘겨져 1919년 6월 13일 광주지방법원 순천지청으로부터 치안법 위반으로 징역 6개월을 선고받고 옥고를 치른다. 이들과 함께 체포된 한익수는 징역 4개월에 집행유예 2년을 선고받았다. 그 과정에서 목홍석은 주모자를 말하라는 일본 경찰의 고문을 받아 손톱과 발톱이 다 빠지고 엉덩이뼈가 모두 으스러졌을 정도로 몸이 크게 상한다.

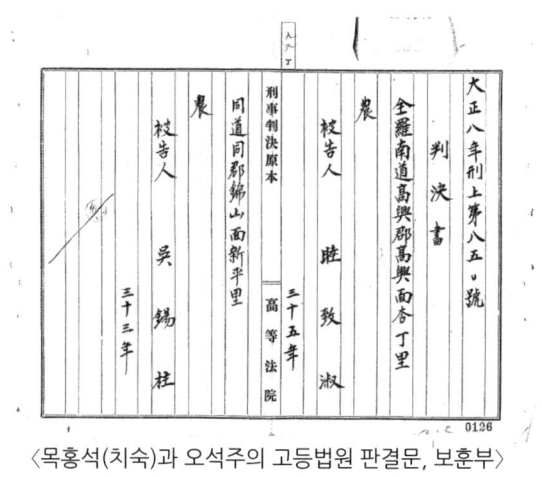

〈목홍석(치숙)과 오석주의 고등법원 판결문, 보훈부〉

목홍석은 미결기간 포함 총 8개월간의 옥고를 치르고 1919년 12월 12일 만기 출소한다. 독립만세운동을 계기로 고흥의 중심인물로 성장한 그는 목회 활동과 사회운동을 병행한다. 1920년 8월 25일 목홍석은 고흥기독교청년회를 조직하고 회장으로 선출된다. 이듬해에는 고흥기독교청년회와 함께 학령기가 지난 아이들을 위해 광명학원을 설립하는 한편 형편상 보통학교에 입학하지 못한 노동자와 여성들을 위해 야학회를 설치하여 한글과 한문, 산술 등을 가르쳤다.

〈고흥기독청년회, 《동아일보》, 1920.9.19〉 〈동강지방청년회, 《동아일보》, 1922.10.6〉

또한 목홍석은 1922년 9월 24일 고흥군 동강면 동강지방청년회를 창립하여 총무로 선임되고, 그해 10월 3일에는 순천성경학교에서 선교사 변요한(John F. Preston)과 고라복(Robert Coit), 목사 곽우영 등과 함께 순천노회를 창립한다. 그리고 구례인(John Curtis) 선교사의 조사로 활동하면서 1923년 보성 조성교회 제1대 교역자로 부임한다. 1924년 2월 순천노회로부터 다시 평양신학교 입학을 허가받고 그해 7월 보성군 벌교읍 동막교회로 파송되어 목회 활동을 전개한다.

흥양보통학교와 고흥어린이수양단

　이름에서 보듯이 목일신의 뿌리는 기독교이다. 목홍석은 목일신이 장손이자 장남임에도 이름을 지을 때 돌림자를 사용하지 않았다. 돌림자를 넣은 이름인 원옥은 아호로만 사용한 것으로 보인다. 지금과 달리 목일신이 태어날 당시에는 이름에 돌림자를 넣지 않는 것은 드문 일이었다. 더욱이 그것이 목일신의 경우처럼 장손이나 장남이라면 엄청난 용기가 필요한 일이었다. 이런 사실은 기독교인으로서 목홍석의 신앙심이 얼마나 깊고 건실했는지, 아들에 대한 그의 애정과 기대가 얼마나 컸는지를 짐작할 수 있게 해준다.

　실제로 목일신은 목홍석이 결혼하고 나서 무려 12년 만에 낳은 귀한 아들이다. 첫아들을 잃은 뒤 어렵게 얻은 아들인 만큼 목일신에 대한 목홍석의 사랑은 남달랐을 것으로 보인다. 이는 첫째 목옥봉과 둘째 목일신 그리고 셋째 목원태 간의 나이 차를 고려하면 더욱 그런 생각이 든다. 게다가 목홍석은 대한예수교장로회 소속 조사로서 여러 지역을 돌며 목회 일을 하느라 가족과 떨어져 있는 시간이 많았다. 이러한 환경도 아들에 대한 그의 애정과 기대감을 높이는 데 적지 않은 영향을 끼쳤을 것이다.

　목일신의 제적등본을 보면 목일신과 첫째 남동생 목원태의 출생지가 행정리 160번지로 기재되어 있다. 하지만 1925년생인 둘째 남동생 목원상의 출생지는 보성군 보성면 보성리 800번지로, 1928년생인 막내 여동생 목옥순의 출생지는 고흥군 점암면 화계리 503번지로 기록되어 있다. 이러한 사실로 보아 어린 시절 목일신의 가족은 목회 일을 하는 목홍석을 따라 자주 이사를 한 것으로 보인다.

〈『화계교회 100년사』, 대한예수교 장로회 화계교회, 2022〉

　『보성읍교회 100년사』(대한예수교장로회 보성읍교회, 2017)에는 목홍석이 1925년 10월 보성읍교회 제3대 조사로 부임하였다가 고흥 독립만세운동 당시 일제로부터 받은 고문 후유증으로 건강이 나빠져 고향인 고흥의 한 교회로 옮겨갔다는 내용이 나온다. 또한 『화계교회 100년사』(대한예수교장로회 화계교회, 2022)에는 목홍석이 1926년 고흥군 점암면 화계교회 제2대 순회 조사로 부임했다고 기록하고 있는데 이는 제적등본에 기재된 출생 기록과도 일치한다.

흥양보통학교 학적부는 목일신이 1926년 4월 1일 5학년으로 입학했다고 기록하고 있다. 목일신은 「나의 습작 시대 회고」(《아동문학》, 1974.1)에서 "나의 아버지는 기독교의 교역자(敎役者)로서 많은 교회를 세우셨고 또한 여러 지방으로 전근을 하셨으므로 나도 아버지를 따라 당시 보통학교를 여러 곳으로 옮겨 다니게 되었던 것이다."라고 밝히고 있다. 실제로 당시 담임을 맡았던 선생님이 "일신아, 너는 토깽이 학교 다니냐. 토깽이?" 하고 언급했을 정도로 목일신은 자주 전학을 다녔다고 한다. 잦은 전학으로 인한 어린 시절 목일신의 고달픔이 잘 느껴지는 대목이다. 이러한 내용을 고려할 때 아마도 목일신은 보성에서 학교에 다니다가 아버지 목홍석이 화계교회로 자리를 옮기면서 고흥 흥양보통학교 5학년에 재입학한 것으로 보인다.

〈고흥동초등학교(구, 흥양보통학교) 전경〉

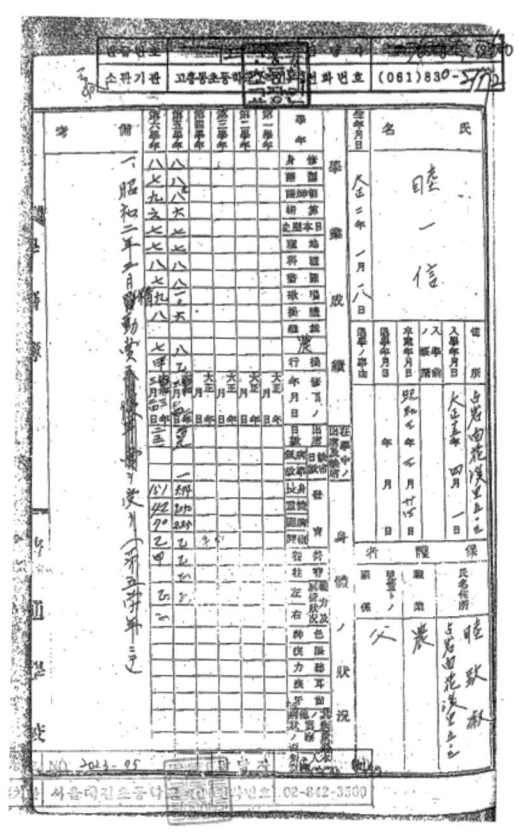

〈목일신의 흥양보통학교 학적부〉

  현재 목일신의 흥양보통학교 재학시절과 관련하여 전해지는 내용이 없다. 하지만 비슷한 시기에 그가 '고흥어린이수양단'에 가입하여 활동했다는 것을 알려주는 기록은 더러 남아있다. 실제로 목일신은 1928년 《아이생활》 4월호에 실린 글에서 자신을 고흥어린이수양단 소속이라고 밝히고 있다. 고흥어린이수양단은 일제강점기에 일어난 소년운동의 하나로 1923년 11월 김철현이 주축이 되어 조직한 단체이다. 동화극, 동화회, 토론회, 조기운동회 등 주로 학교 교육 이외의 다양한 교육과 훈련을 통해 아이들의 몸과 마음을 길러주기 위해 만들어졌다.

그런 만큼 고흥어린이수양단은 기본적으로 애국과 계몽의 성격이 강한 편이었다. 이 단체를 조직하고 초대 고문을 역임한 김철현은 고흥군 최초의 기독교 신자인 한의사 신우구의 맏사위 김상은의 아들이다. 즉 신우구의 외손자이다. 그는 1921년 고흥청년회 제2대 회장을 역임했으며 후에 고흥동초등학교 제13대 교장을 지내기도 했다. (『고흥동초등학교백년사』, 고흥동초등학교, 2011) 고흥어린이수양단은 소속 단원들의 수양뿐만 아니라 동아일보 고흥지국과 공동으로 남녀소년현상웅변대회와 고흥정구대회를 개최하여 큰 호응을 얻기도 했다.

한 달이나 넘는 짬지 안은 일을 오즉 식원한 것으로만 목뎍을 삼는다는 것은 아모리 너그럽게 생각하여도 우리 조선의 사정으로 보아 너무 섭섭한 일이겟습니다.

그럼으로 나는 이 아래 몇 가지를 여러분째도 권고하고 또 자긔브터도 그대로 실행하려함니다.

먼저 아츰에는 꼭 일즉이 니러나서 세수를 한 후에 소년단의 조긔(早起) 운동회에 가겟습니다. 운동을 맛치고 집에 도라오면 조곰 쉬인 후에 반드시 독서를 하다가 아츰을 먹고 약 한 시간 후에 운동장에 가서 「테늬쓰」를 하던지 혹은 내ㅅ가에 가서 고긔를 잡겟습니다. 점심을 먹고 오후에도 이 것치 하되 혹은 산에도 오르며 내ㅅ가에 가 목욕도 하겟습니다. 저녁을 먹으면 제일 먼저 밧그로 나가서 식원한 바람을 쐬이며 동모들과 함께 모여서 자미잇는 이약

이와 쏘 음악을 하겟습니다. (「규칙적 생활」 부분, 《어린이》, 1929. 7-8)

이 글은 목일신이 전주 신흥학교 재학 중 방정환이 만든 잡지 《어린이》에 발표한 것이다. 그는 이 글에서 여름방학이 되면 어떻게 생활할지 계획을 밝히고 있다. 즉 여름방학은 지루하고 더워서 시원하게 보내는 것도 필요하지만, 그보다 더 중요한 것이 규칙적인 생활이라며 자신이 여름방학을 어떻게 보낼 것인지를 세세하게 적고 있다. 그러면서 독자들에게도 그와 같이 규칙적으로 생활할 것을 권고하고 있다.

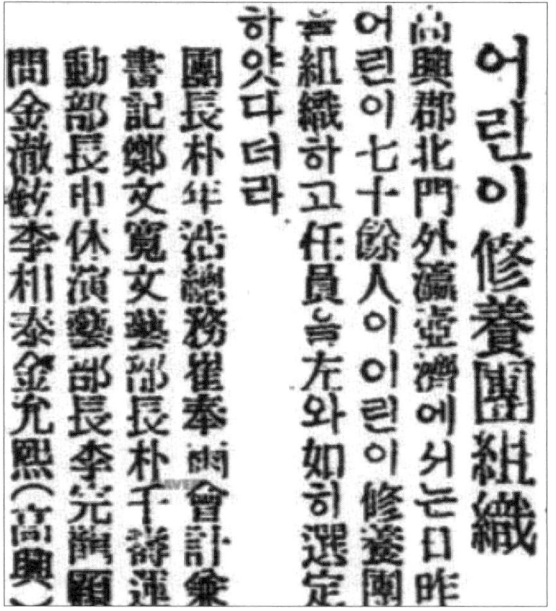

〈고흥어린이수양단 조직 기사, 《동아일보》 1923.11.25〉

그런데 여기서 눈에 띄는 것은 '소년단', '조기운동회', '테늬쓰', '독서'와 같은 단어들이다. 목일신은 후에 시인뿐만 아니라 탁구와 정구 선수로도 활약했다. 또한 그는 탁구 감독으로서도 큰 성과를 이루었는데, 그와 같은 성공의 바탕에는 어린 시절 어린이수양단에서의 활동이 밑거름으로 작용했을 것으로 생각된다. 특히 "한 달이나 넘는 쌈지 안은 일을 오즉 식원한 것으로만 목뎍을 삼는다는 것은 아모리 너그럽게 생각하여도 우리 조선의 사정으로 보아 너무 섭섭한 일이겟습니다."라는 말은 향후 그의 행보와 관련하여 무척 의미심장하게 다가온다.

소년 문사의 탄생

우리나라에서 근대적 의미의 아동문학이 형성된 것은 20세기 초반이다. 개화기 이후 미래의 주인공이 될 소년들을 각성시키는 일이 중요한 화두로 떠오르면서 전국적으로 소년운동이 활발하게 일어났다. 초기 소년운동은 천도교를 중심으로 진행되었으나 점차 민족주의 진영으로 주체가 바뀌었다. 안창호와 이승훈은 소년운동을 민족주의 교육 운동으로, 최남선과 이광수는 애국계몽운동으로 발전시켜 나갔다. (『100개의 키워드로 읽는 한국 아동청소년문학』, 한국아동청소년문학학회, 창비, 2023) 육당 최남선은 우리나라 최초의 근대적 종합잡지인 《소년》(1908)을 발간하는 등 당시 소년운동의 선구자였다.

이러한 소년운동은 1920년대에 들어와 조금 다른 양상으로 전개되었다. 당시 소년운동을 주도적으로 이끌었던 인물은 김기전과 방정환이었다. 이들은 이전과 달리 소년운동의 관점을 '소년'에서 '아동'으로 이동시켰으며 아동의 정서와 건전한 사회성을 함양할 목적으로 1921년 천도교소년회를 조직했다. 또한 여러 소년운동 단체들을 규합 조선소년운동협회를 결성해 1923년 5월 1일 '어린이날'을 만들었다.

〈소년운동협회 창립 기사, 《조선일보》 1923.4.20〉

이는 일제의 식민지 통치 정책의 변화와 밀접한 관련이 있다. 즉 1919년 3·1 운동 이후 일제는 무단통치의 한계를 느끼고 문화통치로 기조를 바꾸었는데, 이를 기점으로 《어린이》(1923), 《신소년》(1923), 《별나라》(1926), 《아이생활》(1926), 《소년계》(1929) 등 아동 잡지가 다수 창간되었다. 그 결과 아동 인권이 이전보다 크게 향상되었을 뿐만 아니라 근대 아동문학의 형성에 필요한 조건들이 상당 부분 마련되었다.

방정환은 1923년 3월 《어린이》를 창간하고 같은 해 5월 일본 도쿄에서 '색동회'를 창립했다. 그는 이들을 통해 뛰어난 시인들을 많이 발굴하는 한편 수준 높은 동요를 널리 보급하여 근대 아동문학의 발전에 크게 공헌했다. 유지영의 「고드름」(1924), 윤극영의 「반달」(1924), 윤석중의 「오뚜기」(1925), 한정동의 「따오기」(1925), 서덕출의 「봄편지」(1925), 이원수의 「고향의 봄」(1926) 등은 모두 《어린이》에 발표되었다가 노래로 만들어진 것으로 당시 독자들로부터 많은 사랑을 받았다.

목일신이 언제 고흥어린이수양단에 들어갔는지는 분명하지 않다. 하지만 1928년 《아이생활》 4월호에서 그는 자신이 고흥어린이수양단 소속으로 아버지가 애독하는 신문에서 《아이생활》 광고를 보고 구독자가 되었다고 밝히고 있다. 고흥어린이수양단은 아이들이 바르고 건강하게 자랄 수 있도록 도와주기 위해 다양한 교육과 훈련을 전개했다. 아마도 목일신은 어린이수양단에서의 그와 같은 경험을 통해 문학적 감수성을 조금씩 키워나가지 않았을까 싶다.

〈「나의 습작 시대 회고」, 《아동문학》, 1974.1〉

내가 문단에 데뷔한 것이 一九二九년인데 당시 동아일보에 〈산시내〉라는 동요를 발표한 것이 첫 작품이었다. 나의 아버지는 기독교의 교역자(敎役者)로서 많은 교회를 세우셨고 또한 여러 지방으로 전근을 하셨으므로 나도 아버지를 따라 당시 보통학교를 여러 곳으로 옮겨 다니게 되었던 것이다. 내가 보통학교에 들어가기도 전에 평양신학교에 재학 중이시던 아버지께서 학업을 중지하시고 내려오셨는데 까닭인즉 당시 기미년 三·一 운동에 가담하시어 평양과 서울에서 목이 쉬도록 만세를 부르시고 오셨던 것이며 또 지방에서도 만세를 선동하였다고 하여 드디어 三년 형의 감옥생활을 치르고 나오셨는데 어린 우리 형제들에게 때때로 나라를 빼앗긴 슬픔과 애국의 정신을 고취하여 주셨으며 차차 문학에 취미를 가지고 습작에 열중하는 나에게 〈아이생활〉〈어린이〉〈새벗〉 등 소년잡지를 사다가 주시며 내 취미를 돋구어 주셨다. 그리고 당시 보통학교에서 우리말보다는 일본말 작문을 더 권장하며 지도하고 있었으므로 할 수 없이 일어로 글을 짓게 되었었는데 나의 아버지는 될 수 있는 대로 우리말로 작품을 써보라고 지시하여 주셨으므로 틈틈이 우리말로 동요나 작문을 짓게 되었던 것이다. (목일신, 「나의 습작 시대 회고」, 앞의 책)

이 글에서 목일신은 자신이 처음 발표한 작품과 자신이 문학에 입문하게 된 계기를 비교적 소상하게 밝히고 있다. 그는 위에서 보듯이 아버지 목홍석이 《어린이》, 《아이생활》, 《새벗》 같은 잡지를 사다 주면서 문학에 대한 취미를 돋구어 주었으며, 나라를 빼앗긴 슬픔과 애국정신을 고취하려는 아버지의 지도에 따라 일본어 대신 우리말로 작문이나 동요를 쓰게 되었다고 말하고 있다. 그런 점에서 이 글은 목일신 문학의 출발점을 확인할 수 있는 동시에 그의 문학적 성격을 규명하는 데 매우 중요한 자료이다.

하지만 이 글은 사실과 조금 다른 내용을 포함하고 있다. 즉 목일신은 이 글에서 자신이 문단에 데뷔한 것은 1929년이고 동아일보에 발표한 동요 「산시내」가 첫 작품이었다고 말한다. 그러나 최근 이동순이 발표한 논문에 따르면 그동안 알려진 것과 달리 목일신의 최초 발표작은 1928년 8월 1일 《동아일보》에 발표한 「산시내」가 아니라 1928년 《아이생활》 4월호에 발표한 「새의 노래」이다. (「목일신 작품 서지오류와 발굴작품 의미연구」, 《어문논집》 제93집, 중앙어문학회, 2023) 이동순은 이 논문에서 그 외에도 새롭게 발굴한 동요 9편과 산문 19편을 소개하고 있다. 이는 목일신의 문학 연구에 있어 한층 진일보한 성과를 보여주는 것이다.

새들이모혀서
　　노래를붐니다
앞마당나무엔
　　두마리안고
그엽헤집웅엔
　　세 마리가안저
청아한곡됴로
　　노래붐니다
쌋듯한봄님이
　　발서왓다고

새들은조와서

노래붑니다

　　　　　　　　　－「새의 노래」전문(《아이생활》, 1928. 4)

지금까지 진행된 연구에 따르면 목일신이 본격적으로 창작활동을 시작한 것은 1928년이다. 목일신은 1928년 《아이생활》 4월호에 동요 「새의 노래」와 산문 2편을 동시에 발표하면서 앞으로 적극적으로 글을 쓰겠다는 의지를 피력하고 있다. 당시는 그가 흥양보통학교를 졸업하고 순천에 있는 매산학교(현, 매산중학교)에 막 입학했을 때이다. 그래서인지 이들 작품은 생동감 넘치는 봄날 풍경을 노래하거나, 봄을 맞아 어떻게 한 해를 보낼 것인지와 같은 희망적인 내용을 담고 있다.

이후 목일신은 소년 문사로서 《아이생활》, 《별나라》, 《동아일보》 등에 작품을 써서 발표하지만, 앞으로 열심히 글을 쓰겠다고 의지를 표명한 것과 달리 그해에 발표한 작품은 얼마 되지 않는다. 동요 「새벽별」(《별나라》, 1928. 7)과 「라발소래」(《아희생활》, 1928. 8), 산문 「바다를 차저서」(《아희생활》, 1928. 8)과 「느너진가을에」(《아희생활》, 1928. 11) 이들 네 편이 전부이다. 이는 첫 작품 발표 후 얼마 지나지 않아 아버지 목홍석이 사망한 것과 깊은 관련이 있는 것으로 보인다.

동요 「자전거」 탄생에 관한 이야기

동요 「자전거」는 목일신의 대표작이다. 이 작품은 일제강점기인 1933년에 노래로 만들어져 많은 사랑을 받았다. 1950년대에 국민학교 음악 교과서에 수록되면서 한국인이라면 모르는 사람이 없을 만큼 유명한 국민동요로 자리 잡았다. 목일신은 여러 매체를 통해 「자전거」를 창작하게 된 동기와 발표된 시기를 비롯해 처음 발표했을 당시의 노랫말이 이후에 어떻게 달라졌고, 그렇게 바뀌게 된 까닭과 그에 대한 자신의 소감을 자세하게 밝힌 바 있다.

내가 보통학교 五학년 때에 미국 선교회에서 우리 아버지에게 아주 멋진 자전거 한 대가 기증되어 왔었는데 나의 아버지는 그 자전거로 각처의 교회를 순회하시며 교역의 일을 보셨는데 때때로 쉬시는 날은 내가 그 자전거를 타고 시오리나 되는 학교를 다니게 되었던 것이다. 하루는 자전거를 타고 학교에 갔다가 집으로 와서 써본 것이 동요 〈자전거〉라는 동요를 〈아이생활〉에 발표한 것을 작곡가 김대현 씨가 작곡한 것인데 그때의 노래는 지금 부르는 것과는 다소 다르게 되었었다. (목일신, 「나의 습작 시대 회고」, 앞의 책)

이 글은 그 가운데 하나이다. 위에서 보듯이 목일신은 「자전거」를 보통학교 5학년 때인 1926년에 창작했다고 말한다. 목회 활동을 하던 아버지를 위해 미국 선교회에서 자전거를 기증했는데, 아버지가 쉬는 날 그 자전거를 타고 시오리 길을 통학한 경험을 살려 쓴 작품이 바로 「자전거」라는 것이다. 목일신은 이 작품을 1932년 《아이생활》에 발표했는데 아쉽게도 현재 그 원본을 찾을 수가 없다. 해당 연도에 발행된 《아이생활》의 경우 결호도 있고, 낙장도 많아 그 실체를 확인하기 어렵다.

지금은 자전거가 하나의 교통수단을 넘어 스포츠와 여가의 도구로 발전했지만, 목일신이 「자전거」를 창작했을 당시만 해도 자전거는 매우 낯선 교통수단이었다. 요즘 시세를 고려할 때 고급 자동차 한 대 값에 해당할 정도로 무척 비싸고 귀한 물건이었다. 그런 만큼 당시 자전거는 많은 이에게 그야말로 선망의 대상이었고, 자전거를 타고 다니는 것만으로도 충분히 부러움의 대상이 될 수 있었다. 따라서 그와 같은 자전거를 타고 학교를 오갔을 목일신의 마음이 어떠했을지 쉽게 상상할 수 있다.

위의 글에서 목일신은 「자전거」는 "《아이생활》에 발표한 것을 작곡가 김대현 씨가 작곡한 것인데 그때의 노래는 지금 부르는 것과는 다소 다르게 되었었다."라고 말하고 있다. 그는 한 신문 기사에서 「자전거」를 쓸 때 재미있게 하느라고 "교회 갔다"를 "장에 갔다"로 고쳤는데, 해방 후 우연히 어린이 음악책을 들춰보았더니 자기도 모르는 사이에 "찌르릉"이 "따르릉"으로 "영감"이 "노인"으로 고쳐져 무척 기분이 나빴다고

토로한 적이 있다. (「그 사람 그 노래」, 《서울신문》, 1971. 5. 4)

따르릉 따르릉 비켜나셔요,
자전거가 나갑니다 따르르르릉,
저기 가는 저 노인 꼬부랑 노인,
어물어물 하다가는 큰일납니다.

따르릉 따르릉 이 자전거는,
울아버지 장에 갔다 돌아오실 때,
꼬부랑 꼬부랑 고개를 넘어,
비탈길로 스르르 타고 온다오.

— 『음악 2』(1963) 교과서에 실린 노랫말

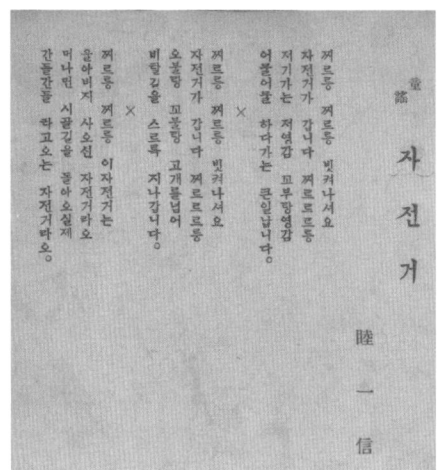

〈「자전거」, 《아이생활》, 1932〉

이들은 1932년 《아이생활》에 발표한 「자전거」 원문과 1963년에 나온 『음악 2』 교과서에 수록된 「자전거」의 노랫말이다. 목일신의 주장처럼 음악 교과서에는 《아이생활》에 발표한 내용과 달리 '찌르릉'이 '따르릉'으로, '영감'이 '노인'으로 바뀌었다. 또한 '오불랑 꼬불랑'이 '꼬부랑 꼬부랑'으로 바뀌었다. 이에 대해 목일신은 영감은 불경스러워 노인으로 고쳤다는 문교부 해명이 있었지만 어린이 특유의 천진스러움을 없앤 것 같다며 많이 아쉬워하고 있다.

동요 「자전거」의 작곡가인 김대현(1917~1985)은 함경남도 흥남시 서호진에서 출생했다. 그는 아버지가 담임한 교회에서 악기를 연주하며 어려서부터 음악에 소질을 보인 것으로 알려져 있다. 김대현은 함흥 영생고보와 일본제국음악학교를 졸업하고 만주에서 가곡 「보리밭」을 작곡한 윤용하와 함께 음악 활동을 했다. 광복 후에는 국내로 들어와 함흥 영생중학교 등에서 교편을 잡다가 6·25 때 월남하여 중앙대학교 예술대학 음악과 교수를 지냈다.

1982년도에 발행된 김대현의 동요작곡집 『자전거』에는 윤석중, 이원수, 강소천, 박목월, 김영일, 유치환, 한정동 등 우리나라를 대표하는 동요 시인들의 작품 70편이 수록되어 있다. 그는 〈머리말〉에서 "가곡도 성가도 합창곡도 지어보았고 관현악곡도 오페라도 만들어 보았으나, 동요곡집을 묶으면서 이것이 제일 순수한 음악 형태의 하나가 아닌가 느끼게 된다."라고 말하고 있다. 이 동요작곡집에는 목일신의 작품으로는 유일하게 「자전거」 딱 한 편만이 수록되어 있다. 그런데도 김대현은 목일신의 「자전거」를 표제작으로 선정했을 뿐 아니라 가장 앞자리

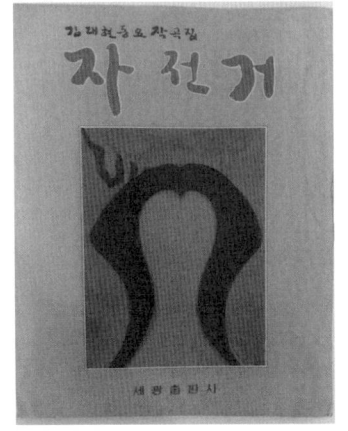 

〈김대현동요작곡집 『자전거』, 세광출판사, 1982〉

에 배치하고 있다. 이는 「자전거」에 대한 그의 관심과 애정이 어느 정도 인지를 잘 보여준다.

사실 「자전거」는 김대현이 작곡한 최초의 노래이다. 자신이 만든 첫 노래가 국민동요가 된 만큼 스스로 무척 자랑스러웠을 것으로 생각된다. 김대현의 동요작곡집 『자전거』의 마지막 장에는 김대현의 간단한 약력과 1933년 「자전거」를 작곡할 당시 그의 사진 및 나이를 소개하고 있다. 「자전거」를 작곡했을 당시 김대현의 나이는 겨우 열여섯 살이었으며 함흥 영생중학교 2학년에 재학 중이었다. 이처럼 보통학교 학생이 지은 노랫말에 중학생이 곡을 붙인 노래가 많은 사람이 애창하는 국민동요가 되었다는 것이 무척 흥미롭다.

매산학교 입학과 아버지의 죽음

보성은 예로부터 유림의 기반이 튼튼하고 유교 사상과 반외세적 민족주의 사상이 투철하여 기독교에 대한 반감이 심했다. 그래서 1917년 보성읍교회가 설립되었음에도 크게 성장하지 못하고 있었다. 조선예수교장로회 전남 노회는 이를 타개하기 위해 고흥읍교회를 태동시킨 조사 목홍석을 교역자로 보성읍교회에 파견하기로 한다. 전남 노회의 이와 같은 결정으로 1924년 7월 보성군 벌교읍 동막교회에서 목회 일을 하던 목홍석은 1925년 10월 보성읍교회 제3대 교역자로 부임한다.

이후 목홍석은 새로운 성전을 건축하고 새롭게 집사를 임명해 복음을 전파하는 등 보성읍교회를 성장시키기 위해 노력한다. 특히 목홍석은 1919년 고흥 독립만세운동을 주도하고 감옥까지 다녀온 탓에 기독교에 대한 반감이 심했던 보성의 민족주의 진영에서도 그의 앞에서는 고개를 숙일 수밖에 없었다. (『보성읍교회 100년사』, 대한예수교장로회 보성읍교회, 2017) 하지만 목홍석은 고흥 독립만세운동 당시 일제로부터 받은 고문 후유증으로 임기를 다 채우지 못하고 전남노회의 결정으로 1926년 고향인 고흥군 점암면에 있는 화계교회 제2대 순회 조사로 부임한다.

〈보성읍교회 전경〉

화계교회는 1922년 구례인 선교사가 조사 김기신 등과 함께 설립한 것으로, 목홍석은 이미 1923년 화계교회에 순회 조사로 부임하여 교세를 확장하고 새로 교회를 건립하는 등 큰 역할을 한 바 있다. 하지만 화계교회로 부임한 후 목홍석은 건강이 급격히 나빠져 1928년 구례인(John Curtis Crane, 1888~1964) 선교사의 도움으로 순천에 있는 안력산병원에 입원하여 치료받는다. 안력산병원은 미국 남장로교회가 의료선교를 목적으로 1916년에 세운 의료기관이다. 안력산병원은 개원 당시 3층 건물에 30개 병상이 갖추어진 현대식 병원으로 서울의 세브란스에 이어 전국에서 두 번째로 규모가 큰 병원이었다.

그 무렵 목일신은 고흥의 흥양보통학교를 졸업하고 순천에 있는 매산학교에 진학한다. 매산학교는 1910년 변요한(John Fairman Preston, 1875~1975) 선교사와 고라복(Robert.T.Coit, 1878~1932) 선교사가 선교를 목적으로 설립한 학교이다. 이후 매산학교는 1916년 조선총독부의 성경 과목 교수 불허 조치에 대항하여 자진 폐교하였다가 1921년 4월 미국 남장로회 선교부의 주선으로 다시 개교하였다. 그런데 그 당시 매산학교의 설립자 겸 교장이 바로 목홍석을 안력산병원에 입원하여 치료받도록 도와준 구레인 선교사였다. (매산중학교 홈페이지 참조)

〈안력산병원 격리병동〉

〈순천 매산중학교 전경〉

이처럼 공교롭게도 목홍석과 목일신은 비슷한 시기에 순천에 머무르게 된다. 순천은 여수, 고흥, 보성, 구례, 곡성, 광양 지역을 담당하는 선교부가 개설된 곳으로 호남 선교의 중심지였다. 선교부는 선교사들을 위한 주택과 교육 및 병원시설 등이 갖추어진 주둔지를 말하는데, 1913년에 개설된 순천 선교부는 호남지역에 개설된 5개의 선교부 가운데 가장 늦게 설립되었다. 목홍석이 입원한 안력산병원과 목일신이 입학한 매산학교는 모두 순천 선교부가 교육 및 의료선교를 위해 세운 기관이다. (『순천시기독교역사박물관』, 순천시기독교역사박물관, 2018)

목일신이 고흥을 떠나 순천 매산학교에 입학한 것은 아버지 목홍석의 영향이 컸을 것으로 짐작된다. 그가 흥양보통학교를 졸업한 1928년에는 아직 고흥에 중학교가 없었다. 따라서 학업을 이어가기 위해서는 상급학교인 중학교가 있는 타지로 유학을 가지 않으면 안 되었다. 당시는 우리나라에 기독교가 들어온 지 얼마 되지 않아 기독교에 대한 사람들의 반감이 심했다. 따라서 매산학교와 같이 선교를 목적으로 설립된 기독교 계열의 학교들의 경우 교인이나 그 자제들이 주로 입학했다. (황규학, 앞의 책)

그런 점에서 1910년대부터 조선예수교장로회 소속 조사로 활동했을 뿐만 아니라, 1922년 선교사인 변요한, 고라복 등과 함께 대한예수교회 장로회 순천노회를 창립한 목홍석의 이력으로 보아 목일신의 매산학교 진학은 너무나도 당연해 보인다. 목일신이 입학한 매산학교와 아버지 목홍석이 입원한 안력산병원은 아주 가까운 거리에 있었다. 현재 이와 관련된 자료가 없어 그 당시 이들 사이에 서로 왕래가 있었는지는 알 수가 없다.

    안력산병원에 입원하여 치료받던 목홍석은 애석하게도 끝내 회복하지 못하고 1928년 4월 20일 43세의 나이로 사망한다. 이는 목일신이 매산학교에 입학한 지 한 달이 되지 않았을 때이다. 어린 나이에 마치 하늘 같은 존재였던 아버지를 너무나도 갑작스럽게 잃은 목일신의 마음이 어땠을지 감히 상상할 수가 없다. 후에 그가 아버지를 그리워하며 쓴 동요 「우리 아버지」를 통해 당시 그의 심정을 어렴풋이 짐작해 볼 수 있을 뿐이다.

> 나를사랑하시든 아버지는요
> 작년삼월초하로 꽃피는봄날
> 우리형뎨오남매 남겨두고서
> 무정히한울나라 가섯답니다
> 나는나는누나와 목노아울며
> 어머니는동생들 쎠안고울제
> 동리동리사람들 모다차저와
> 애처로운눈물을 흘렷답니다
> 사랑하신어머님 슬퍼하실쌘
> 나는나는언제나 위로를하죠
> 이밤도달밝은밤 버레우는밤
> 그리운아버지를 생각합니다
>
> — 「우리 아버지」 전문 (《동아일보》, 1929. 10. 20)

이 작품은 아버지 목홍석이 사망한 그 이듬해에 발표한 것이다. 7·5조로 이루어진 이 작품에서 그는 자신을 사랑하던 아버지가 "작년삼월초하로 꽃피는봄날"에 하늘나라로 가셨다고 말한다. 이어서 "동리동리사람들 모다차저와/애처로운눈물을 흘렷답니다"라며 아버지 목홍석의 장례가 거행되던 당시의 모습을 묘사한다. 그런 다음 "사랑하신어머님 슬퍼하실쌔" 위로를 하고, 달이 밝고 벌레가 우는 밤이면 "그리운아버지를 생각합니다"라고 이야기한다. 장남으로서의 책임감과 아버지 목홍석을 그리워하는 목일신의 마음이 오롯이 느껴지는 작품이다.

전남 고흥(高興) 사람이다.

1919년 3월 3일 전남 고흥군(高興郡) 고흥면(高興面)에 거주하는 평양신학교(平壤神學校) 입학을 위하여 서울에 가던 중 서울의 독립만세운동에 직접 참가한 후 독립선언서(獨立宣言書) 1매를 가지고 고향인 고흥(高興)에 돌아왔다. 그는 고향에서 독립만세운동을 거사하기 위하여 동군(同郡) 남양면(南陽面) 신흥리(新興里)에 사는 예수교인(敎人) 이형숙(李亨淑)·손재곤(孫在坤)·최세진(崔世珍)·조병호(曺秉鎬)·이석완(李錫琓)에게 국제정세(國際情勢)와 독립만세운동의 필요성 등을 역설(力說), 찬동을 받아 고흥읍 장날인 4월 14일에 거사(擧事)하기로 약정하였다.

1919년 4월 7일 동지 오석주(吳錫柱)에게 태극기 80여매와 독립선언서 100여매를 제작케하는 한편 고흥읍과 강동면내(江東面內)의 예수교인에게 연락하여 동지규합을 부탁하고 동월 10일에는 동지 한익수(韓翊洙)에게 조선독립고흥단(朝鮮獨立高興團) 이름으로 자체선언서 10여매를 작성하도록 하여 거사일인 4월 14일 고흥 장터로 모이도록 하였다. 그러나 심한 강우(降雨)로 인하여 시위를 못하고 고흥군수(高興郡守) 순천법원 지청장(順天法院支廳長)과 순천헌병분대(順天憲兵分隊) 감독보조원 등에게 독립선언서를 우송하였다가 일경에게 붙잡혔다.

1919년 6월 13일 광주지방법원 순천지청에서 소위 보안법 위반으로 징역 6월형을 선고받고 공소하였으나, 같은 해 7월 25일 대구복심법원과 10월 2일 고등법원에서 기각당하여 옥고를 치렀다.

그후 1920년 8월 25일 고흥읍내 기독교 청년들의 발기로 고흥기독교청년회(高興基督敎靑年會)를 창립, 총회를 열고 회장으로 피선되었으며 조선청년회연합회에 가입하여 무학남녀 아동들의 계몽을 위하여 야학회를 설치하고 한글, 한문, 산술 등을 가르쳤다.

1923년 2월 26일 고흥기독교청년회(高興基督敎靑年會) 주관으로 조선물산 사용을 장려하고 조선산 의복을 입게 하며 토산품 사용과 단연실행(斷煙實行)운동을 전개하였다.

1925년 4월 19일 배일사상(排日思想)의 고취를 위하여 기독교의 교리를 전도하면서 교회건립 확장과 찬조금 460여원(圓)을 모집하여 활동하였다.
(국가보훈부, 『독립유공자공훈록』 10권, 1993)

목홍석은 스무 살 되던 해 기독교에 입교해 1911년 안채윤 선교사와 함께 동막교회를 설립했으며 생전에 보성의 동막교회, 대치리교회, 보성읍교회, 무만리교회, 조성교회를 개척했다. 또한 순천의 낙성리교회와 고흥의 옥하리교회(고흥읍교회), 관리교회, 천등리교회 등 12개 교회의 개척 및 발전에 헌신했다. (양전백 외, 앞의 책) 게다가 위의 국가

유공자 공훈록에서 보듯이 목홍석은 1919년 고흥 독립만세운동을 주도하는 한편 조선 물산 사용을 장려하는 등 독립운동에도 적극적이었다. 그와 같은 공적을 인정받아 그는 1992년 정부로부터 건국훈장 애족장을 받았고 1995년 대전 현충원에 안장되었다.

〈목홍석(치숙)의 묘, 대전현충원 애국지사 2묘역〉

이처럼 목홍석은 독립운동가이자 초기 기독교 목회자로서 평소 나눔과 배려, 희생과 같은 정신을 몸소 실천함으로써 많은 이로부터 존경을 받았다. 목일신이 「나의 아버지」에서 묘사한 것처럼 여러 마을에서 많은 사람이 찾아와 애처롭게 눈물을 흘릴 정도였다. 목홍석이 사망한 후 목일신의 가계는 급격히 기울어 집에 먹을 것이 떨어지는 날이 종종 있었는데, 그때마다 누군가 밤에 쌀가마를 지고 와 마당에 몰래 내려놓고 갔다고 한다. 이에 대해 목일신은 아버지 목홍석이 살아

생전에 가난한 사람들에게 많이 베풀고 덕을 많이 쌓았기에 가능했으며, 훗날 선교사의 도움으로 본인과 동생 목원태가 일본으로 유학을 떠날 수 있었던 것도 아버지 목홍석의 공덕 때문이라고 말했다고 한다.

그래서인지 목일신은 생전에 아버지 목홍석에 대한 그리움이 컸다. 그래서 자녀들 앞에서 아버지 목홍석을 회고하며 자주 이렇게 말했다고 한다. "나는 아버지와 같은 삶을 살고 싶지만, 지금의 나는 한참이나 모자라고 부족하다."라고. 이는 목일신의 삶에서 아버지 목홍석이 어떤 존재인지를 잘 말해준다.

신흥학교와 광주학생운동

목일신은 1928년《아이생활》 4월호에 처음으로 작품을 발표하면서, 향후 적극적으로 글을 쓰겠다고 의지를 피력한 바 있다. 하지만 순천 매산학교에 입학한 지 얼마 안 되어 갑작스러운 아버지의 사망으로 깊은 실의에 빠져 많은 작품을 발표하지는 못한다. 그러다가 목일신은 1929년 순천을 떠나 매산학교와 마찬가지로 미국 남장로교회 선교사들이 선교를 목적으로 설립한 전주 신흥학교로 전학을 간다.

신흥학교는 현재 전주시 완산구에 자리한 기독교 계열의 사립학교이다. 1900년 목사 이눌서(W. D. Raynolds, 1867~1951)가 자신의 사택에서 '김창국'이라는 소년 1명을 상대로 신학문당을 열어 호남 최초의 근대교육을 시작했는데, 그것이 신흥학교의 효시이다. 이후 유서백(J. S. Nisbet) 선교사가 학교명을 '예수교 학교'로 정해 사용하다가 얼마 뒤 첫 새벽을 뜻하는 '신흥학교'로 이름을 바꾸었다. 1906년 과거 서원과 유사한 역할을 담당했던 희현당(希顯堂) 옛터에 기와집 8칸을 지어 학교를 이전했으며, 1909년 대한제국으로부터 '사립 신흥학교'로 인가를 받았다. (신흥중학교 홈페이지 참조)

최초의 신흥인으로 알려진 김창국은 조모와 모친의 영향으로 일찍부터 기독교 교인이 되었다. 그는 남장로교 최초의 7인 선교사 중 한 명으로 전주에서 의사인 남편을 도와 의료 및 교육 선교를 하던 해리슨(Linnie Davis Harrison) 부인의 주선으로 평양에 있는 숭실중학교와 평양신학교에 진학해 1915년 목사가 되었다. (백종근, 『예수와 함께 조선을 걷다 – 조선 선교사 하위렴의 선교행전』, 해드림출판사, 2023) 이후 김창국은 제주도와 호남지역에서 주로 활동하며 기독교를 전파하는 데 선구적인 역할을 담당하였다. 지금도 가을이면 널리 애송되는 「가을의 기도」를 쓴 시인으로 한국 시사에 큰 발자취를 남긴 김현승(1913~1975)이 바로 김창국의 아들이다.

〈1928년 준공된 신흥학교 리처드슨홀 현관〉

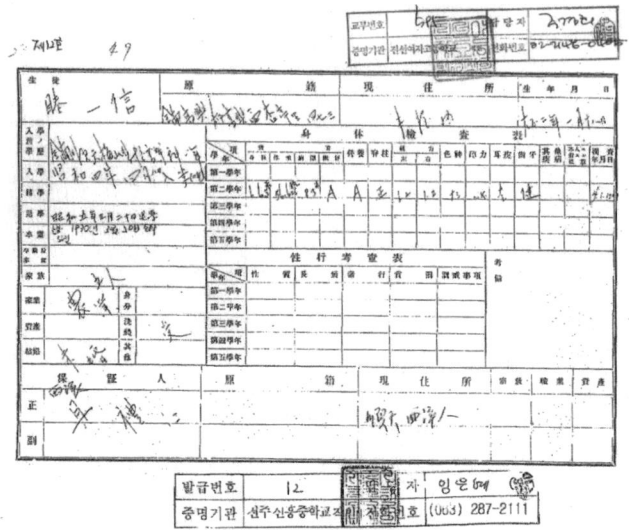

〈목일신의 신흥학교 학적부〉

　목일신이 매산학교를 떠나 신흥학교로 전학한 이유는 구체적으로 밝혀진 것이 없다. 신흥학교 학적부 보증인란에는 선교사 구례인의 이름이 적혀 있다. 이런 사실로 보아 목일신은 신흥학교로 전학한 것은 구례인 목사의 권유가 있었던 것으로 보인다.

　신흥학교로 전학한 뒤 목일신은 잡지 및 신문에 본격적으로 작품을 발표하기 시작한다. 그는 「나의 습작 시대 회고」에서 작품을 가장 많이 썼던 시절은 중학교 2학년 때로 보통 하루에 한두 편, 어느 날은 서너 편을 지은 때도 있었다고 밝힌 바 있다. 실제로 목일신은 신흥중학교 2학년에 재학 중이던 1929년 《아이생활》, 《조선일보》, 《동아일보》에 많은 양의 동요와 산문을 발표하는데 현재 발표 지면과 발표 일자가 정확하게 확인된 것만 해도 32편에 달한다. 1930년에 발표한 작품 가운데

「첫가을」, 「은하수」, 「보름달」 등에는 '전주'라는 지명이 표기된 것으로 보아 1930년에 발표한 작품 중 상당수는 1929년에 창작되었을 것으로 짐작된다.

〈목일신이 1929년에 발표한 작품 목록〉

작품명	발표지	발표일	분야
바람	아이생활	1929.2	동요
눈 오시는 밤	아이생활	1929.3	동요
봄비	아이생활	1929.5	동요
희하(喜夏)	아이생활	1929.8	동요
느티나무	아이생활	1929.9	동요
가을	아이생활	1929.10	동요
우리 아버지	동아일보	1929.10.20	동요
단풍의 산길	조선일보	1929.10.22	동요
시냇물 2	아이생활	1929.11	동요
길가의 전등	조선일보	1929.11.13	동요
꽃병	조선일보	1929.11.14	동요
구루마	조선일보	1929.11.17	동요
나의 동생	조선일보	1929.11.19	동요
비석	동아일보	1929.11.19	동요
물새	조선일보	1929.11.26	동요
국화꽃	아이생활	1929.12	동요
어린 새	조선일보	1929.12.3	동요
겨울의 산새	조선일보	1929.12.11	동요
잠자는 보트	조선일보	1929.12.14	동요
겨울밤	조선일보	1929.12.15	동요
우리의 길	아이생활	1929.1	산문
지난 3년간 기념호는	아이생활	1929.4	산문
아버님의 애독하시는	아이생활	1929.5	산문
느저가는 봄	아이생활	1929.6	산문
꽃주일 기념호애 그같이	아이생활	1929.7	산문

여름	아이생활	1929.7	산문
지난 칠월호의	아이생활	1929.8	산문
하기방학	아이생활	1929.8	산문
고향의 여름	아이생활	1929.9	산문
첫가을	아이생활	1929.10	산문
가을의 감	아이생활	1929.11	산문
느저가는 가을 사랑하는 벗에게	아이생활	1929.12	산문

목일신의 동요는 밝고 경쾌한 것이 특징이다. 하지만 이 시기에 발표한 작품들은 전반적으로 애상적 분위기를 띤다. "아름답긴 하지만 벗이 없어서/빈병만 쓸쓸하게 외로히 남어"(「꽃병」), "너울너울느러진 힘업는날개/멀고먼집을차저 나라가지요"(「물새」), "넓다란 밤한울에/길동무업시/쓸쓸이 가는곳은/어대일까요"(「반쪽달」) 등은 그와 같은 특징을 잘 보여준다. 이는 어린 나이에 갑작스레 맞이한 아버지의 죽음과 가족과 떨어져 먼 타지에서 홀로 지내야 하는 유학 생활과도 많은 연관이 있을 것으로 추측된다.

> 멀고먼 고향의
> 　시골집에는
> 그리운 어머님이
> 　게시련마는
> 씃도엄는 저한울
> 　바라볼제면
> 놉흔산만 얄밉게

　　　　가리워잇네

　　멀고먼 내고향
　　　　오막살이앤
　　보고십흔 동생이
　　　　잇스련마는
　　희미한 저한울
　　　　바라볼제면
　　구름만 둥실둥실
　　　　쩌나려가네

　　　　　　－「고향의 한울」 전문 (《동아일보》, 1930. 3. 29)

　　이 작품은 1930년에 발표한 것이다. 하지만 "멀고먼 고향의/시골집"에서 보듯이 목일신이 신흥학교 재학 중에 쓴 것임을 알 수가 있다. 그는 이 작품에서 고향에 있는 어머니와 동생들에 대한 그리움을 내보이고 있는데, "놉흔산"으로 비유되는 여러 가지 현실적인 문제들로 그와 같은 소망을 이루지 못한다.
　　이처럼 이 시기 목일신은 아버지를 잃은 상실감과 타지 생활에서 오는 외로움을 창작으로 승화시켜 나간다. 당시 그는 문예부원으로 활동했는데 여러 잡지에 많은 작품이 실려 동료들 사이에서는 이미 소년 문사로 유명했다. 하지만 목일신의 신흥학교 생활은 그리 오래가지 못한다. 왜냐하면 2학년이 거의 끝날 무렵 동료 학생들과 광주학생운동에 참가하여 시위를 벌이다 일본 경찰에 체포되어 구류처분을 받고 강제 퇴학을 당했기 때문이다.

    1929년 10월 30일 오후 5시 30분경 광주를 떠난 통학 열차가 나주역에 도착하여 학생들은 몇 사람씩 짝을 지어 플랫트홈에서 개찰구로 나가고 있었다.
    이때 일본 학생 복전(福田) 등이 광주여고보 3학년 박기옥(朴己玉), 이금자(李錦子), 박광춘(朴光春) 등의 댕기 머리를 잡아당기면서 센징(선인) 운운 조롱하며 모욕적인 장난을 하니 이들 여학생들은 난처하게 되어 어쩔 줄을 몰라 했다.
    이때 같이 가던 박기옥(朴己玉)의 4촌 남동생 광주고보 2학년생 박준채(朴準採)의 주먹은 복전(福田)의 얼굴에 작열하였다.
    이렇게 싸움이 벌어지자 역전파출소의 삼전(森田) 순사가 달려와서 불문곡직하고 박준채(朴準採)의 따귀를 때렸다. 그러자 그 부당성을 항의하자 박준채(朴準採)를 다시 구타하였다. 이때 고보생 6·7명이 박준채(朴準採)에게 합세하였다.
    이때부터 양측 학생들은 열차 안에서나 또는 만나는 곳에서마다 시비가 벌어지게 되어 학교 당국에서는 교원과 순사까지 동원하여 학생들의 통학을 동행하며 감시하였다. (백창섭·장호강, 『항일독립운동사』, 아동문학사, 1987)

흔히 3·1 운동 이후 최대 규모이자 일제강점기 최후의 전국적 항일운동으로 평가받는 광주학생운동은 1929년 10월 30일 나주역에서 발생한 한·일 학생 간의 충돌에서 비롯되었다. 나주에서 광주로 통학하던 일본인 학생들이 한국인 여학생들을 희롱한 것이 계기가 되어 양측 학생들 사이에 집단 싸움이 일어난 것이 그 시발점이었다. 이후 일본인이 발행하던 광주일보가 이 사건에 대해 불공정 보도를 하고, 일본 경찰이 편파적으로 수사를 하자 이에 반발한 광주 지역 학생들이 연대하여 11월 3일 대규모 거리 시위를 벌였다.

이 소식을 들은 조선청년총동맹은 전국의 청년 운동단체 및 학생 단체와 연계하여 전국 각지에서 학생들의 시위를 조직했는데, 이 시위는 1930년 1월 중순부터 도시 지역뿐만 아니라 읍·면 단위 지역 학교까지 퍼져나갔다. 학생들은 시험 거부, 백지 동맹, 동맹 휴학, 격문 살포, 교내 시위, 거리 시위 등을 통해 일제의 식민 통치에 정면으로 맞섰다. 전국적으로 194개 교에서 5만 4,000여 명이 참여하는 등 대규모 항일 운동으로 이어졌다.

전주에서도 이에 동조하여 시위를 벌이려는 여러 움직임이 있었다. 하지만 전주고보와 전주여고보는 사전에 발각되어 시위가 불발에 그쳤고, 기전학교 학생들은 교내 시위를 벌이다 붙잡혀 갔다. 신흥학교만이 유일하게 1930년 1월 25일 결의문을 낭독하고 전단을 살포하며 시내로 진출하여 시위를 벌였다. 학생들의 동요를 막으려는 경찰의 요청으로 학교에서 조기방학을 실시하는 바람에 많은 학생이 시위에 참여하지는 못했다. 이날 시위에는 기숙사에 머물러 있던 약 80명의 학생만이 시위에 참여해 총 36명이 검거되었는데 목일신도 그 가운데 한 명이었다.

토막연필로 감옥에서 시를 짓다

광주학생운동이 전국으로 확대되자 신흥학교에서도 이에 동조하는 움직임이 생겨났다. 교우회 문예부장인 박문수와 운동부장 이재영 등이 주동자가 되어 비밀리에 시위를 준비했다. 이들은 처음에는 신흥학교 개교일인 12월 2일에 거사를 벌이려고 했다. 그러나 당일 오후에 개교를 축하하는 음악회 등 성대한 행사가 계획되어 있어 부득이하게 12월 12일로 거사를 연기했다.(『신흥 90년사』, 전주신흥중·고등학교, 1990)

하지만 이를 눈치챈 학교 측에서 조기방학을 실시함으로써 그마저도 물거품이 되었다. 이에 교우회 간부들은 개학일인 1930년 1월 25일 학생들을 규합하여 다시 시위를 벌이려고 했지만, 학교에서는 학생들에게 연락해 계속 학교에 나오지 말라고 지시했다. 따라서 교우회 간부들은 어쩔 수 없이 기숙사에 머물러 있던 학생 100여 명으로 시위대를 조직해서 예정대로 1월 25일 오전 시위를 시작했다. 이날 시위에 참석한 학생들은 전주 시내까지 진출하였지만 곧 일본 경찰에 붙잡혀 경찰서로 연행되었다.

〈전주 신흥학교 시위 기사,
《조선일보》 1930.1.27〉

    조기방학을 실시하고 개학을 지연하는 등 학교 측의 방해가 있었음에도 목일신은 시위에 참여한다. 그것도 단순히 가담한 정도가 아니라 적극적으로 시위에 개입한 것으로 보인다. 그런데 그와 같은 목일신의 행위는 아버지가 목홍석이 독립운동을 하다가 일제의 모진 고문을 받고 후유증으로 사망한 것을 생각하면 너무나도 당연한 일이다. 또한 시위를 주도한 박문수와의 관계도 크게 작용했을 것으로 짐작된다. 박문수는 후에 조선대학교 총장을 지낸 박철웅과 동일 인물이다. 그는 목일신과 같은 고흥군 출신으로 문예부 2년 선배였다. 그 당시 목일신은 이미 동료들 사이에서 소년 문사로 유명했는데, 마침 시위를 준비하고 있던 박문수의 입장에서는 그와 같이 글쓰기에 뛰어난 재주를 지닌 목일신이 꼭 필요했을 것임은 어렵지 않게 추측할 수 있다.

당시 시위를 벌이다 경찰에 연행된 학생은 36명으로 이들은 시위에 가담한 정도에 따라 최하 15일 최고 29일의 구류 처분을 받았다. 목일신은 낮은 학년임에도 박문수 등과 함께 주모자로 분류되어 최고형인 29일의 구류 처분을 받고 전주교도소로 이감되었다. 이는 그가 단순히 시위에 참여한 학생들과 달리 시위에 사용할 전단을 작성하는 등 시위를 계획하고 실행하는 데 적극적으로 참여했기 때문으로 보인다. 목일신은 회고담에서 당시의 상황을 자세히 소개하고 있다.

> 나는 문예부원이라고 하여 삐라에 쓸 글을 지어서 수백 장의 삐라를 써서 만들었으며 예정하였던 싸이렌 소리와 함께 우렁찬 함성을 외치며 만세를 불렀었는데 드디어 한 시간 후에 나는 일본 경찰에게 체포되어 백여 명 학우들과 함께 형무소에 수감되었던 것이다. 나는 그때 저급학년 학생이라고 하여 1개월의 형을 받게 되었거니와 감방 안에서 춥고 배고픈 것도 매우 괴로운 일이었으나 그 당시 나는 가장 창작욕이 왕성하던 때인지라 작품을 못 쓰게 되는 것도 고민거리의 하나이었다. 미리 준비하고 왔던 종이나 연필 등은 모두 압수를 당하였으나 몰래 감추어둔 아주 작은 토막연필 하나는 가지고 있었으나 종이가 없었다. 그러나 감방 안에서 하루에 한 장씩 주는 손바닥만한 휴지 한 장씩이 있었는데 그것을 아끼고 아껴서 앞뒷면에다가 몇 편의 작품을 쓸 수가 있었다. 감방 안에서는 아무것도 보이지를 않고 감방 창문 틈으로 보이는 것은 하늘과 구름뿐이었는데 나는 여기서 착상을 얻어 〈하늘〉〈구름〉〈꿈나라〉 등의 작품을 써서 동아일보에 발표했던 것이다. (목일신, 「나의 습작 시대 회고」, 앞의 책)

그런데 이 글에서 인상적인 것은 "나는 그때 저급학년 학생이라고 하여 1개월의 형을 받게 되었거니와 감방 안에서 춥고 배고픈 것도 매우 괴로운 일이었으나 그 당시 나는 가장 창작욕이 왕성하던 때인지라 작품을 못 쓰게 되는 것도 고민거리의 하나이었다."라는 말이다. 목일신이 교도소에 갇혀 구류를 살던 때는 한겨울이었다. 장녀인 목민정의 증언에 따르면 그는 경찰에 체포되어 조사를 받을 때는 물론 구류를 사는 동안에도 일본 경찰로부터 각목으로 머리를 맞는 등 심한 고초를 겪었다고 한다. 보통의 경우 그와 같은 상황이라면 으레 자신의 안위에 대한 걱정이나 두려움이 앞서기 마련이다.

하지만 목일신은 그보다도 작품을 쓰지 못하는 것을 더욱 걱정하고 있다. 이는 당시 그의 창작열이 얼마나 뜨거웠으며 창작에 임하는 자세가 얼마나 건실했는지를 잘 보여준다. 실제로 목일신은 작품을 쓰기 위해 아주 작은 토막연필을 몰래 숨겨 가지고 들어가서 "감방 안에서 하루에 한 장씩 주는 손바닥만 한 휴지"를 아끼고 아껴 거기에 몇 편의 작품을 써서 가지고 나왔다. 그때 쓴 작품이「하늘」,「구름」,「꿈나라」등이다. 목일신은 이들 작품을 출소 후 동아일보에 발표한다.

목일신의 동요 가운데는 제목이 같은 작품이 많고, 제목이나 내용이 수정되어 재발표한 작품도 더러 발견된다. 목일신이 주로 활동했던 당시에 발행된 잡지나 신문 가운데는 이미 소실되었거나 아직 세상에 공개되지 않은 것들이 많아서 실제 발표되었음에도 그 진위를 파악하지 못하는 작품이 많다. 목일신이 감옥에서 썼다고 밝힌「하늘」,「구름」,「꿈나라」는 모두 그와 같은 범주에 속하는 작품들이다.

당시 감옥에서는 학생들에게 책을 넣어 주었는데 그때 읽은 것 중 부모의 은혜를 노래한 일본 시를 지금까지 기억한다. 「찌르릉, 찌르릉 비켜나세요」라고 부르는 동요의 작자인 목일신(睦一信)은 감옥에 들어갈 때 동요를 짓기 위해서 조그마한 연필을 손가락 사이에 끼어 가지고 들어갔다. 하루는 벽 위에 전등 구멍을 막은 철조망 사이로 조그마한 종이 쪽지 접은 것이 넘어왔다. 그 종이 쪽지는 목일신이 가지고 온 연필로 대변 볼 때 쓰는 휴지에다 글씨를 쓴 것인데 그 내용은 벽을 두드리는 숫자에 따라 무슨 의미가 있다는 암호의 내용을 적은 것이었다. 목일신은 감옥에 있는 동안 동요를 많이 지어 그 종이를 똘똘 말아서 가지고 나왔다. (박철규, 『신흥 90년사』, 전주신흥중·고등학교, 1990)

이 글은 목일신의 신흥학교 동급생이자 같은 문예부원이었던 박철규가 광주학생운동 당시 감옥에서 경험한 내용을 적은 것이다. 그는 이 글에서 목일신이 「나의 습작 시대 회고」에서 밝힌 내용이 사실임을 확인해 줄 뿐만 아니라 그동안 알려지지 않은 새로운 일화를 소개하고 있다. 즉 목일신은 감옥에 들어갈 때 동요를 짓기 위해 토막연필을 숨겨 가지고 들어가 많은 작품을 썼으며, 목일신이 가지고 온 토막연필로 종이에 암호를 써서 감옥에 갇힌 동료들과 의사소통하는 데 사용했다는 것이다. 이는 그 당시 목일신의 애국심과 창작열이 얼마나 뜨거웠는지를 잘 보여준다.

퇴학 후, 동요창작에 전념하다

광주학생운동에 동조하여 항일 시위를 벌이다 일본 경찰에 체포된 목일신은 29일간의 구류처분을 받고 전주교도소에 수감된다. 그리고 3월 1일 출소하지만 계속해서 학업을 이어가지 못한다. 왜냐하면 그로부터 얼마 뒤 학교에서 강제 퇴학을 당했기 때문이다.

퇴학 후 고흥으로 내려온 목일신은 할아버지 집에서 거주했던 것으로 보인다. 남동생 목원태와 목원상의 흥양보통학교 학적부에 기재된 주소가 할아버지의 집인 행정리 425번지로 되어 있고, 이들 모두 흥양보통학교 졸업생 명단에 이름이 올라가 있다. 이런 사실로 보아 목일신의 가족은 적어도 목원상이 흥양보통학교를 졸업한 1939년까지 할아버지와 함께 살았던 것으로 생각된다.

이 시기 목일신의 행적은 분명하지 않다. 하지만 그는 거의 매일 같이 동요를 창작하고 발표한다. 이에 대해 이동순은 "광주학생운동에 적극적으로 참여한 혐의로 강제 퇴학을 당한 억울함과 울분을 대신하여 동요 쓰는 것에 열정을 쏟은 셈이다. 그런 측면에서 그의 동요 쓰기는 일제에 항거하기 위한 것이었다."(『목일신 전집』 해설, 소명출판,

2013)라고 말한다. 실제로 목일신은 신흥학교에서 퇴학당한 1930년에만 무려 69편의 동요를 발표하는데 이는 그가 생전에 남긴 동요 가운데 30%에 해당하는 양이다.

〈1930년 발표한 목일신의 동요 작품 목록〉

작품명	발표지	발표일	작품명	발표지	발표일
그리운 언니	동요시인	1930	달ㅅ밤	조선일보	1930.6.13
봄버들	신소년	1930	낙시질	조선일보	1930.6.18
참새	동아일보	1930.1.1	녀름밤	조선일보	1930.6.20
시골	조선일보	1930.1.4	물새	신소년	1930.7
물오리	조선일보	1930.1.19	녀름	학생	1930.7
눈 오는 날	조선일보	1930.1.26	심부름	조선일보	1930.7.6
은하수	조선일보	1930.1.26	어머님	조선일보	1930.7.17
눈꽃	조선일보	1930.1.31	느트나무	조선일보	1930.7.20
갈닙 배	동아일보	1930.2.04	녀름비	조선일보	1930.7.22
꿈나라	동아일보	1930.2.04	녀름수풀	조선일보	1930.7.22
어린아이	동아일보	1930.2.19	희망의 아츰	매일신보	1930.7.22
전보ㅅ대	중외일보	1930.3.17	쓰러졌네	조선일보	1930.7.25
고향의 한울	동아일보	1930.3.29	녀름밤	조선일보	1930.7.27
봄비	조선일보	1930.3.29	제비	아이생활	1930.8
수양버들	신소년	1930.4	달ㅅ밤	조선일보	1930.8.1
봄나븨	조선일보	1930.4.5	점으름	조선일보	1930.8.1
사공의 아들	조선일보	1930.4.5	비	조선일보	1930.8.2
글 읽는 누나	조선일보	1930.4.13	비 오는 밤	조선일보	1930.8.2
피리	조선일보	1930.4.13	긔차	조선일보	1930.8.19
우리 옵바	조선일보	1930.4.16	소낙비	조선일보	1930.8.29
산새	조선일보	1930.4.21	잠자는 시계	아이생활	1930.9

보슬비	조선일보	1930.4.27	잠자는 아기	조선일보	1930.9.4
낙화	조선일보	1930.5.4	무지개	조선일보	1930.9.19
꼬부랑 시내	조선일보	1930.5.10	첫가을	어린이	1930.10
바닷가	조선일보	1930.5.12	새 쩨	조선일보	1930.10.2
산ㅅ시내	조선일보	1930.5.18	보름달	동아일보	1930.10.8
반쪽달	조선일보	1930.5.24	가을(1) 물드린 가을	조선일보	1930.10.9
시냇물 3	조선일보	1930.5.30	가을(3) 버레 우는 가을	조선일보	1930.10.9
저녁 하눌	조선일보	1930.5.30	가을(2) 새 보는 가을	조선일보	1930.10.11
늦은 봄	어린이	1930.4-5	가을 길	조선일보	1930.10.12
개고리 우는 밤	신소년	1930.6	가을(4) 달 밝은 가을	조선일보	1930.10.15
봄비	아이생활	1930.6	가을(완) 가시는 가을	조선일보	1930.10.26
비 오는 밤	별나라	1930.6	가을이 오면	아이생활	1930.11
초저녁	조선일보	1930.6.11	한울	조선일보	1930.12.14
강변에서	조선일보	1930.6.13			

위의 표는 목일신이 1930년에 발표한 동요를 발표일을 기준으로 정리한 것이다. 이들은 총 69편으로 전집보다 6편이 더 늘어난 것이다. 전집 발간 이후 후속 연구를 통해 새롭게 발굴한 「제비」와 「어머니」, 그리고 발표연도가 잘못 표기되었던 「봄비」가 새로 추가되었다. 또한 그동안 발표연도 미상으로 분류되었던 「잠자는 시계」, 「가을이 오면」, 「낙화」의 발표연도와 지면이 밝혀지면서 이들도 그 안에 함께 넣었다. 목일신은 1928년과 1929년에는 《아이생활》, 《조선일보》, 《동아일보》에

주로 작품을 발표했다. 하지만 1930년에는 이들을 비롯해《동요시인》, 《신소년》,《어린이》,《별나라》,《학생》,《매일신보》등으로 발표 지면이 크게 확대되었다.

이는 목일신이 이전보다 더 적극적으로 글쓰기에 전념했다는 것을 알게 해준다. 그는 1930년에 69편의 동요를 발표했는데 이는 월평균 5편, 주 단위로 계산하면 매주 2편씩 발표한 셈이다. 같은 날, 같은 신문에 작품 2편이 동시에 실린 것만도 8번이나 된다. 같은 달 서로 다른 잡지에 3편의 작품이 실린 적도 있고 심지어 하루에 3편의 작품이 동시에 신문에 발표된 적이 있다. 이전에는《아이생활》이 주된 발표 지면이었지만 이 시기에는《조선일보》와《동아일보》등의 신문이 그 역할을 대신했기 때문이다. 특히《조선일보》는 목일신이 발표한 69편 가운데 48편이 실렸을 정도로 압도적이었다.

그와 같이 열정적으로 작품을 발표해서인지 당시 목일신의 인기는 또래의 소년 문사들 사이에서 상당했다. 현재 이를 입증할 자료가 많이 남아 있다. 그 가운데 몇 개를 소개하면 다음과 같다.

> 睦一信(목일신) 全德仁(전덕인) 梁尙鉉(양상현) 盧榮根(노영근) 諸兄(제형) 님이여! 書信(서신)으로라도 만히 사랑하여 주심을 바라고 住所(주소)를 알앗스면 조켓습니다. (慶山郡(경산군) 河陽面(하양면) 琴樂洞(금악동) 四十番地(사십번지) 金聖道(김성도) /《아이생활》, 1930.6)

> 睦一信(목일신) 兄(형)께
> 朝鮮日報(조선일보)에 睦一信(목일신)이라고 하고 種種(종종) 童謠(동

요)가 나는대 兄任(형님)이십니가 또 다른 이가 게신지오 兄任(형님)이 讀者俱樂部(독자구락부)에 付託(부탁)하심을 弟(제)도 同情協力(동정협력)하고자 하나니다 이와갓치 사괴게 된 것도 아희행활의 德澤(덕택)이올시다 그리고 兄(형)님은 아희生活(생활) 初時(초시)로붓허 훌융한 筆者(필자)신 것을 압니다 더 俱樂部(구락부)를 찬란케 하소서. 대전 나석팔/《아이생활》, 1930.9)

睦一信兄(목일신형)의 주소를 가르켜 주십시오
高原(고원) 姜小泉/《아이생활》, 1930.9)

당시는 지금처럼 문명의 이기들이 발달하지 못해 다른 사람들과 연락을 주고받는 일이 쉽지 않았다. 따라서 신문이나 잡지에서는 독자 간에 소통할 수 있도록 특별한 공간을 제공했다. 위의 자료는 그와 같은 공간을 통해 독자들이 목일신과 교류하기 위해 보낸 것들이다. 그런데 여기서 흥미로운 것은 목일신에게 교류를 청한 이들 가운데는 김성도와 강소천 등 훗날 한국 아동문학사에 커다란 업적을 남긴 작가들이 포함되어 있다는 점이다. 이런 사실은 당시 목일신의 인기가 어느 정도였는지를 알려준다.

목일신이 1930년에 발표한 작품들은 이전에 발표한 것들과 내용이나 형식에서 별반 차이가 없다. 이는 이 시기에 발표한 작품 가운데 상당수가 1929년에 창작된 것이기 때문이다. 가령 「느진봄」(《어린이》, 1930.4-5)과 「첫가을」(《어린이》, 1930.10)의 경우 '전주'라는 지명이 적혀 있는데, 이는 이들 작품이 목일신이 전주 신흥학교 재학 중에 창작된 것임을 알려준다. 특히 1930년 초반에 발표한 작품일수록 1929

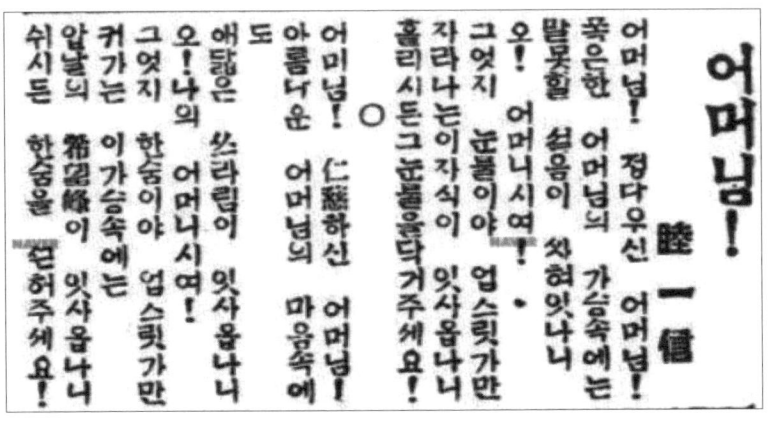

〈동요 「어머님!」, 《조선일보》, 1930.7.17〉

년에 창작되었을 가능성이 크다.

　목일신의 동요에는 「우리 아버지」, 「나의 동생」, 「글 읽는 누나」, 「우리 옵바」, 「잠자는 아기」, 「그리운 언니」, 「우리 애기」 등 유난히 가족을 소재로 한 작품이 많다. 「어머님!」은 이번에 새로 발굴한 작품으로 어머니를 걱정하는 화자의 마음이 잘 나타나 있다. "오! 어머니시여!", "그 눈물을 닥거주세요!"에서 보는 것처럼, 다른 작품들과 달리 감정 표현이 다소 거친 것이 특징이다. 앞서 《조선일보》에 발표한 "멀고먼 고향의/시골집에는//그리운 어머님이/게시련마는"(「고향의 한울」)과 분위기가 매우 비슷하다.

　이처럼 1930년에 발표된 목일신의 작품은 가족을 걱정하는 내용이 많다. 그래서인지 외롭고 쓸쓸한 정서가 주를 이룬다. 하지만 "강물에 금빗은빗/고흔꼿바다/밤물새는 오락가락/자미잇나보"(「달ㅅ밤」)와 "아름다운 비단구름 곱게모와서/둥그레한 꼿다리를 만드러낫소"(「무지개」), "봄바람이 스르르/건너오면은/가지가지 흥겨워/춤을춥니다"(「봄버들」)처럼 밝고 경쾌한 이미지를 지닌 작품도 더러 발견된다. 그리고 이러한 경향은 1930년 중후반으로 갈수록 더욱 또렷해진다.

 그런데 1930년 후반에 이르면 갑자기 발표되는 작품 수가 부쩍 줄어든다. 11월과 12월 두 달 동안 발표한 작품은 「가을이 오면」과 「한울」뿐이다. 그러다가 이듬해부터는 '경성'에서 창작했다고 표기된 작품들이 조금씩 등장하기 시작하는데 아마도 목일신은 이 무렵부터 고흥을 떠나 경성에서 생활한 것으로 보인다. 그런 점에서 목일신이 신흥학교 퇴학 후 고향에 돌아와 동요창작에 전념했던 그 기간은 마음의 상처를 치유하고 새로운 미래를 모색하는 값진 시간이었을 것이다.

신춘문예 5관왕에 오르다

목일신이 1930년에 그토록 많은 작품을 창작하고 발표할 수 있었던 것은 광주학생운동에 참여했다가 학교로부터 강제 퇴학당한 마음의 상처를 동요창작으로 승화했기 때문이다. 하지만 그에 못지않게 중요한 또 다른 요인으로는 그가 그해에《조선일보》와《동아일보》의 신춘현상공모에 당선된 것을 들 수 있다.

지금도 그렇지만 당시 신춘문예는 정식으로 작가로서 인정받기 위한 하나의 관문이었다. 더욱이《조선일보》와《동아일보》는 주요 일간지로서 많은 독자 수를 보유하고 있었을 뿐만 아니라 월간으로 발행되는 잡지들에 비해 발표 지면이 훨씬 개방적이었다. 게다가 잡지보다 상금도 많고, 당선되었을 경우 그 반응이나 영향력이 커서 시인이나 작가 지망생들에게 신문사에서 주최하는 신춘현상공모는 인기가 많았다.

목일신은 여러 차례 자신이 동요를 쓰게 된 것은 나라를 빼앗긴 슬픔과 애국정신을 고취하려는 아버지의 지도 때문이었다고 밝힌 바 있다. 그가 본격적으로 작품을 쓴 것은 매산학교에 입학한 1928년《아이생활》 4월호에 동요와 산문을 발표하면서이다. 하지만 그로부터 얼마 뒤 갑작스러운 아버지의 사망으로 잠시 주춤했다가 1929년 전주 신흥학교로 전학하면서 다시 창작에 몰두한다. 그 무렵 목일신은 하루도 빠짐없이 두세 편씩 동요를 창작해 여러 잡지와 신문에 발표한다.

〈1930년《조선일보》신년현상문예 당선자 발표〉

그 당시《조선일보》와《동아일보》에서는 연말이면 대대적으로 신춘문예 현상공모에 관한 광고를 게재했다. 그런데 이들 신문은 잡지《아이생활》과 더불어 목일신이 주로 작품을 발표하던 지면이었다. 1929년 한 해 동안 그가 이들 신문에 발표한 작품 수만 해도 12편에 달한다. 「나의 습작 시대 회고」에서 밝히고 있듯이 당시 목일신은 발표욕에 너무 치중한 나머지 시를 쓰기가 바쁘게 신문사나 잡지사에 투고했다. 그런 그가《조선일보》와《동아일보》에서 주최하는 신춘문예 현상공모를 그냥 지나칠 수는 없었을 것이다.

실제로 목일신은 1930년도 《조선일보》와 《동아일보》의 신춘문예 현상공모에 응모하여 두 곳에서 모두 당선되었다. 《조선일보》에는 동요 「시골」이 당선되었고, 《동아일보》에는 동요 「참새」가 선외 가작으로 입선되었다. 당시 목일신과 함께 《조선일보》 신춘문예 현상공모에 당선된 사람으로는 단편소설 부문에 백석(白石, 1912~1996)이, 같은 동요 부문에는 윤복진(尹福鎭, 1907~1991)이 있었다. 윤복진은 목일신과 마찬가지로 《조선일보》와 《동아일보》 두 곳에서 모두 뽑혔는데 《동아일보》에는 김귀환(金貴環)이라는 필명으로 1등에 당선되었다. 그는 훗날 동요동시집 『꽃초롱 별초롱』을 발표하여 크게 이름을 떨쳤다.

이후에도 신춘문예 현상공모에 대한 목일신의 도전은 계속된다. 다음 해인 1931년 그는 《조선일보》 신년현상문예에 응모하여 동요 「물레방아」가 2등에 당선된다. 이 작품은 "보리방아 쌀방아/꽁꽁 찧어서/동네방네 굶주린/가연집집에/골고로 놓아주면/조흘텐데요"에서처럼 일제강점기 암울한 현실을 노래하고 있다. 작품 끝에 '전남 고흥군 읍내 행정리'라는 표기가 있는 것으로 보아 아마도 목일신이 전주 신흥학교에서 강제 퇴학당한 후 고흥에 내려와 머물면서 쓴 것으로 보인다.

一節三聯(일절삼련)으로부터
"동네방네 굶주린/가연집집에"
여긔서 우리는 悲慘(비참)한 洞里 生活相(동리 생활상)을 엿볼 수 잇으며 그리하야 飢餓(기아)에 彷徨(방황)하는 不幸(불행)한 마을 사람으로 하야금

그 現實(현실)은

"골고로 논아주면/조흘 텐데요"

하고 平等(평등)을 主唱(주창)하지 아니할 수 업게 하엿다 二節三聯(이절삼련)에서

"배부르고 동만흔/부잣집으로/퍼나려 보내는 게/얄미웁지요"

하고 現社會(현사회)를 暴露(폭로)하면서 그 矛盾(모순)과 不合理(불합리)에 咀呪(저주)와 怨恨(서한)을 가저 오게 하엿다 그러나 그것은

"아니아니 물네방아/철을 몰나서"

의 『철』을 모르기 때이다 成長(성장)하야 『철』을 아는 時期(시기)가 오면 (勿論(물론) 도라온□) 富者(부자)집으로만 들러갈理(이)가 업다 洗練(세련)된 表現(표현)과 함께 이 作(작)은 新春(신춘)의 優秀品(우수품)이다

그러나 우리는 一步進(일보진)하야 『철』이 나도록 努力(노력)해야겟다 (유재형, 「신춘 당선동요 만평」, 《조선일보》, 1931. 2. 8)

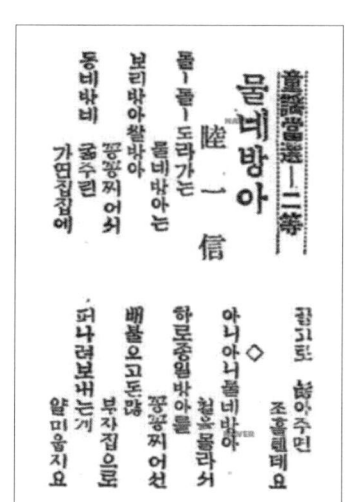

《조선일보》, 1931.01.01.〉

이 글은 유재형(柳在衡)이「신춘 당선동요 만평」에서 목일신의「물네방아」에 대해 평가한 것이다. 그는 "悲慘(비참)한 洞里 生活相(동리 생활상)을 엿볼 수 잇으며", "現社會(현사회)를 暴露(폭로)하면서 그 矛盾(모순)과 不合理(불합리)에 咀呪(저주)와 怨恨(서한)을 가저 오게 하엿다"라고 하면서, "洗練(세련)된 表現(표현)과 함께 이 作(작)은 新春(신춘)의 優秀品(우수품)이다"라고 말한다. 이처럼「물네방아」는 일제강점기 서민들의 고단한 현실과 그들을 바라보는 목일신의 안타까운 마음이 잘 나타나 있다.

목일신은 1934년《조선일보》신년현상문예에 유행가사「새날의 청춘」이 당선되고, 1937년《매일신보》신춘현상문예에 유행가사「꽃피는 청춘」이 선외 가작에 뽑혀 신춘문예 5관왕에 오른다. 지금과 달리 1930년대에는 신춘문예 공모에 시, 소설과 함께 유행가사 부문이 있었다.《조선일보》의 경우 1934년에 처음으로 유행가사 부문을 신설하여 공모를 시작해서 첫해에 모두 6편이 당선되었는데 그 가운데 하나가 바로 목일신의「새날의 청춘」이다.

그 외에도 목일신은 1933년 월간《영화시대》현상공모에 시「낙화」가 당선되고, 1934년 경성방송국에서 공모한 현상신민요에「동백꽃 필 때」가 1등으로 당선된다. 또한 1933년 콜럼비아 레코드사 현상공모에 민요「뱃노래」와「청춘가」가 당선되어 음반으로 만들어진다. 이처럼 목일신은 동요와 시, 유행가사 등에서 뛰어난 문학적 재능을 발휘함으로써 1930년대를 대표하는 시인으로 자리매김한다.

김소운과 이상, 그리고 《아동세계》

목일신이 언제, 어떤 이유로 고흥을 떠나 경성으로 거처를 옮겼는지는 확실하지 않다. 다만 1930년 《아이생활》 6월호 '독자구락부'에 '경성 목일신'이라고 기재되어 있고, 1931년 2월 27일 《동아일보》에 발표된 동요 「봄노래」의 말미에 '二月二十日作(2월20일작), 京城(경성)'이라 표기된 것으로 보아 이마도 1930년 중반부터 고흥과 경성을 오갔던 것으로 보인다. 그러다가 1933년 이후 목일신은 본격적으로 경성에 자리를 잡는다. 「나의 습작 시대 회고」에는 당시의 상황을 엿볼 수 있는 내용이 담겨 있다.

一九三三년 봄 충절로 一가 金素雲(지금은 巢雲)씨 댁에는 많은 작가, 예술인들이 모여들고 있었으며 날마다 출근 하는 분은 〈날개〉의 작가 李箱 씨였다. 조선중앙일보에 시 제一호 〈오감도〉로부터 제十五호까지 발표하고 있었는데 새로운 감각의 시라고 하여 화제를 모았거니와 이 시를 추천 소개한 분이 김소운 씨였다. 나는 그때 김 씨가 발행하던 〈아동세계〉사에 근무하고 있었거니와 전국 국민학교 학생을 상대로 발간하는 이 잡지가 당시로서는 놀라운 숫자인 四, 五만 부씩 발간되고 있었다. 김 씨는 실로 다정다감한 정열의 시인이며 신의와 인정이 많은 분이었다. (중략) 나는 김씨댁에서 기거하며 그의 따듯한 인간미와 작품세계를 사숙하며 존경하는 나머지 한동안 金素影이라는 펜네임을 사용한 적도 있었거니와 당시 〈영화시대〉라는 잡지사에서 가요를 현상 모집을 했었는데 나의 〈落花〉가 제一석으로 당선되었으며 金素影이라는 이름으로 발표를 하였었는데 서대문 우편국에서 아마 金素雲의 잘못 쓴 걸로 알고 우편물을 고쳐 보냈고 김씨는 자기에게 온 것으로 알았다가 내용을 보고서 나에게 돌려준 일이 있었다. (목일신, 「나의 습작 시대 회고」, 앞의 책)

위에서 보듯이 목일신은 1933년 김소운(金素雲, 1907~1981)의 집에 기거하며 그가 발행하던 《아동세계》에 근무했다. 김소운은 수필가이자 번역가로 목일신보다 여섯 살이 많았다. 본명은 '김교중'이고, 호는 '삼오당' 또는 '소운'이다. 그는 1920년 동경 가이세이중학교(開成中學校)에 입학했으나 1923년 관동대지진으로 중퇴했다. 이후 김소운은 1929년 매일신보 학예부원으로 근무하는 등 다방면에 걸쳐 작품 활동을 했는데, 그 가운데 가장 중요한 업적은 『조선구전민요집』(1933) · 『조선동요선』(1933) · 『조선민요집』(1941)과 같은 한국 문학을 일본에 번역 소개한 것이다.

김소운이 발행하던 《아동세계》는 경성부 연건동(지금의 종로구 연건동)에 자리하고 있었다. 보통학교 학생을 상대로 발행되는 월간잡지로 그 당시 매월 4~5만 부를 찍을 정도로 인기가 대단했다. 목일신은 "여러분에게 하로라도 속히 이 책을 보내드리려고 밤을 세워가면서, 애를 쓴 것이 이제야 나오게 되엿습니다. 金(김) 선생님은 한 번 일을 시작하시기만 하면 밤을 세우는 것이 예사이니까요. 정말 한동안은 너무나 애를 쓰시드니 얼골이 아조 변하여 저서 염려가 되엿습니다."(「편집후기」,《아동세계》, 1933)라고 당시의 상황을 적고 있다.

목일신은《아동세계》에 근무하는 동안 발행인인 김소운과 그의 아내인 정자 부인을 많이 의지하고 따랐다. 또한 후에 김소운의 소개로 경성방송국(J·O·D·K) 즉 지금의 KBS에서 동화(童話)를 방송하는 등 많은 도움을 받았다. "김 씨는 실로 다정다감한 정열의 시인이며 신의와 인정이 많은 분이었다.", "나는 김씨댁에서 기거하며 그의 따듯한 인간미와 작품세계를 사숙하며 존경하는 나머지 한동안 金素影(김소영)이라는 펜네임을 사용한 적도 있었거니와" 등은 당시 목일신이 그들을 어떻게 생각했는지를 알게 해준다.

그런데 이 글에서 또 하나 흥미로운 것은 목일신과 작가 이상(李箱, 1910~1937)과의 관계이다. 위 인용문에는 "一九三三년 봄 충절로 一가 金素雲(지금은 巢雲)씨 댁에는 많은 작가, 예술인들이 모여들고 있었으며 날마다 출근 하는 분은〈날개〉의 작가 李箱 씨였다. 조선중앙일보에 시 제一호〈오감도〉로부터 제十五호까지 발표하고 있었는데 새로운 감각의 시라고 하여 화제를 모았거니와 이 시를 추천 소개한 분이 김소운 씨였다."라는 단편적인 내용만 소개하고 있지만, 『배화』(1974)에 실린 「나의 습작시대 회고담」에서 목일신은 김소운이 발행하던《아동세계》에 이상과 같이 근무했다고 적고 있다.

이상은 1930년대를 대표하는 초현실주의, 모더니즘 작가로 연작시「오감도」와 단편소설「날개」등 다소 파격적인 작품으로 크게 주목을 받앉다. 그는 보성고등보통학교와 경성고등공업학교 건축과를 졸업하고 조선총독부 건축 기사가 되었다. 1930년 장편소설 「12월 12일」, 1931년 시 「이상한 가역반응」 등을 발표하며 작품 활동을 시작한 이상은 같은 구인회(九人會) 동인이었던 이태준의 추천으로 1934년 7월 24일부터 8월 8일까지 《조선중앙일보》에 「오감도」를 연재한다. 원래 이 작품은 총 30편을 연재할 계획이었으나 지나치게 내용이 어렵다는 독자들의 항의가 빗발쳐 그 절반인 15회를 끝으로 중단되었다. (근대문학 100년 연구총서 편찬위원회, 『약전으로 읽는 문학사1』(해방 전), 소명출판, 2008)

목일신과 이상이 《아동세계》에 함께 근무한 기간은 그리 길지 않았던 것 같다. 조선총독부 소속 건축 기사로 일하던 이상은 1933년 폐결핵 진단을 받고 건축 기사 일을 그만두었다. 이후 그는 종로1가에 다방 〈제비〉를 개업하지만 1935년 9월 문을 닫는다. 그 뒤로도 인사동에 '카페 쓰루', 종로 1가에 다방 '69'와 '맥' 등을 열지만 모두 실패하고 일본으로 여행을 떠났다가 1937년 4월 27살의 나이로 사망한다.

 筆者(필자)가 이십 년 전 詩人(시인) 素雲(소운)의 집에서 사귀던 李箱(이상)의 모습은 마치 『외별』과 비슷하다고 늘 연관되었던 것이다. 李箱(이상)은 詩(시) 隨筆(수필) 小品(소품) 小說(소설)은 물론 그림도 곧잘 그렸고 유모어에도 能(능)하였었다. 외별 亦是(역시) 詩(시) 隨筆(수필) 小品(소품) 短篇(단편) 그림사진 其他(기타) 무엇에나 能(능)하며 實(실)로 非凡(비범)한 才質(재질)과 샘솟는 듯한 情熱(정열)의 所有者(소유자)인 것이다. 이제 외별 兄이 『거울』과 梨花(이화)를 떠나게 되었다. 恒常(항상) 激務(격무)에 시달리면서도 늘 꿈꾸든 自己(자기)의 理想(이상)을 찾아가는 것일 거다. 앞으로 그의 빠르고 정성 어린 文章(문장)과 날카로운 描寫(묘사)의 뉴앙스는 반드시 우리나라 百萬(백만) 讀者(독자)들을 滿足(만족)케 하리라고 믿는다. (『거울』室(실)을 떠나는 朴承勳先生(박승훈선생)을 말함」,《거울》, 1956.10.1)

이 글은 목일신이 이화여고 재직시절 주간신문인 「거울」을 함께 만들었던 외별 박승훈 선생을 떠나보내며 쓴 것이다. 그는 외별 박승훈 선생이 "筆者(필자)가 이십 년 전 詩人(시인) 素雲(소운)의 집에서 사귀던 李箱(이상)의 모습"과 비슷하다고 말하며, 이상과 마찬가지로 "詩(시) 隨筆(수필) 小品(소품) 短篇(단편) 그림사진 其他(기타) 무엇에나 能(능)하며 實(실)로 非凡(비범)한 才質(재질)과 샘솟는 듯한 情熱(정열)의 所有者(소유자)인" 그와의 이별을 못내 아쉬워하고 있다. 사실 이들 자료만으로는 목일신과 이상의 관계가 어느 정도인지는 정확히 알 수가 없다. 하지만 비록 짧은 시간이었지만 《아동세계》에서의 이상과의 만남은 목일신에게 있어 하나의 소중한 추억으로 남아 있던 것만은 분명해 보인다.

또 하나 목일신이 김소운의 《아동세계》에 근무할 때 있었던 중요한 사건은 「자전거」와 더불어 그의 대표작이라 할 수 있는 「누가 누가 잠자나」와 「아롱다롱 나비야」를 창작하여 발표한 것이다. 이들 작품은 모두 1935년 7월 《신가정》에 발표되었다. 목일신은 《배화》에 발표한 「나의 습작시대 회고담」에서 "〈아롱다롱 나비야〉는 같은 날 지은 것을 《동아일보》에 발표했었는데 이홍렬 씨가 작곡한 것이며"라고 말하고 있다. 하지만 이는 기억의 착오로 보인다.

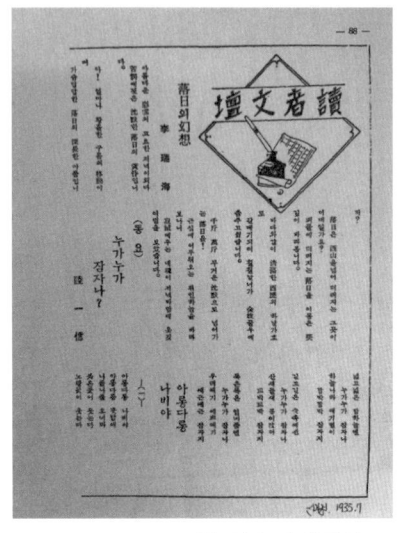

⟨「누가 누가 잠자나?」, 《신가정》, 1935.7⟩   ⟨「아롱다롱 나비야」, 『아기네 동산』, 1938.3⟩

「누가 누가 잠자나」는 발표 이듬해인 1936년 숭실전문학교 졸업반이던 박태현이 평양으로 가는 기차의 창밖으로 하늘에 떠 있는 별을 바라보면서 작곡하여 발표했다고 전해진다. 이후 이 작품은 1930년대 후반 음반으로 만들어져 라디오를 통해 널리 보급되었으며, 2003년 문학동네에서 〈시그림책〉으로도 만들어졌다. 이 작품은 발표된 지 꽤 오랜 시간이 지났음에도 지금도 여전히 많은 사람에게 널리 사랑받고 있다.

계몽운동과 경성방송국에서의 동화 방송

목일신은 김소운이 발행하는 《아동세계》에 근무하는 동안 몹시 바쁜 시간을 보낸다. 그가 '편집후기'에서 밝힌 것처럼 당시 《아동세계》의 인기가 대단해서 정해진 기일에 잡지를 발행하기 위해서는 쉴 틈 없이 손발을 놀려야만 했으며 밤을 꼬박 새워 일할 때도 많았다. 그런 와중에서도 목일신은 여러 방면으로 활동 영역을 넓혀 나간다. 기존의 동요 창작 외에도 유행가사와 민요 같은 새로운 분야에 도전을 시작하여 뛰어난 성과를 거둔다.

1933년 목일신은 브나로드(Vnarod)운동에 참여해 경성부 연지동에 있는 경신학교에서 계몽대원들을 가르쳤다. 브나로드운동은 동아일보사가 1931년 일제의 식민 통치에 저항하기 위해 일으킨 농촌 계몽운동의 하나였다. 본래 브나로드는 '민중 속으로 가자.'라는 뜻을 지닌 러시아어 구호이다. 이는 구 제정(帝政) 러시아 말기에 지식인들이 이상사회를 건설하기 위해서는 민중을 깨우쳐야 한다는 취지로 만들었는데, 1874년 수백 명의 러시아 청년 학생들이 이 구호를 앞세우고 농촌으로 들어가 계몽운동을 전개한 것에서 비롯되었다. (다음백과 참조)

〈목일신의 계몽운동 활동 기사, 《동아일보》, 1933.8.17〉

사실 브나로드운동은 《동아일보》가 실시하기 이전부터 이미 존재하고 있었다. 1920년 초반 동경 유학생들이 방학을 맞아 귀향하여 계몽운동을 펼쳐 크게 주목받은 적이 있었고, 천도교 조선농민사(朝鮮農民社)에서도 1926년 여름방학을 맞아 귀농 운동을 했다. 이것 역시 학생들에 의한 일종의 농촌 계몽운동의 일환이었다. 이처럼 민족의식을 일깨우고 문맹을 퇴치하기 위한 브나로드운동은 1930년대에도 전국적으로 진행되었으며 당시의 학생들에게 일반적인 현상이었다.

그런데 1933년에 전개된 《동아일보》의 브나로드운동은 이전과는 성격이 조금 달랐다. 1930년 조선어연구회는 〈한글맞춤법통일안〉을 제정하기로 하고 1933년 10월 19일 드디어 〈한글맞춤법통일안〉을 확정했다. 이후 이를 대중에게 널리 알려야 할 필요가 있었는데, 1933년 《동아일보》의 브나로드운동은 그와 같은 당시의 상황과 밀접한 관련이 있었다. 그렇다고 《동아일보》의 브나로드운동이 한글 교육에만 한정된 것은 아니었다. 한글뿐만 아니라 산술, 성경, 역사, 지리, 수공, 동화, 동요 등 여러 과목을 계몽대원들에게 가르쳤다.

위의 《동아일보》 기사에 따르면 목일신은 그해 7월 31일부터 8월 18일까지 경신학교에서 열린 브나로드운동에 교사로 활동했다. 이때 참여한 계몽대원의 수가 무려 800명에 달했는데, 아마도 그는 자신의 특기를 살려 계몽대원들에게 동요를 가르쳤던 것으로 보인다. 그 당시 목일신과 같이 교사로 참여한 명단에는 《아이생활》 1930년 6월호 '독자구락부'에 "睦一信(목일신) 全德仁(전덕인) 梁尙鉉(양상현) 盧榮根(노영근) 諸兄(제형) 님이여! 書信(서신)으로라도 만히 사랑하여 주심을 바라고 住所(주소)를 알앗스면 조켓습니다."라고 글을 보냈던 김성도의 이름도 보인다.

김성도(金聖道, 1914~1987)는 훗날 동화작가, 동요 작곡가, 번역가 등으로 활동하며 국내에서 처음으로 『안데르센 동화집』을 번역했다. 또한 1934년 동요 「어린 음악대」를 작사·작곡하는 등 한국 아동문학계에서 기념비적인 업적을 쌓은 인물이다. 그는 경북 경산의 하양보통학교와 대구계성학교를 거쳐 연희전문학교 문과를 졸업한 뒤 황해도 신천의 경신학교와 함흥 영생중학교에서 교사로 근무했다. 광복 후에는 월남하여 민중서관 편집국장을 역임했으며 대구 신명여고와 계성고등

학교에서 교사와 도서관장을 지냈다. (이재철,『세계아동문학사전』, 계몽사, 1989)

《동아일보》의 주도로 1931년부터 1934년까지 총 4회에 걸쳐 전국적으로 전개된 브나로드운동은 민중이 이해하기 어렵다는 이유로 3회 때부터 '계몽운동'으로 그 이름이 바뀌었다. 하지만 조선총독부의 금지 조처로 더는 지속되지 못하고 1934년을 끝으로 중단되고 말았다. 언론계와 조선어학회, 그리고 청년 학생이 힘을 모아 이루어진 브나로드운동은 민중계몽을 통해 민족의 독립을 꾀하기 위해 거국적으로 전개되었던 일종의 문화운동이었다. 소설가 심훈 역시 브나로드 운동에 적극적으로 참여했는데, 그의 대표작으로 1935년 《동아일보》에 연재되었던 소설『상록수』가 바로 브나로드 운동을 장려하기 위해 쓴 것이었다.

목일신은 1933년 11월 새롭게 발족한 〈아동예술연구회〉의 동인으로도 참여한다. 이 연구회는 목일신을 비롯해 이대봉(李大鳳), 이정구(李貞求), 박은봉(朴銀鳳) 등 아동 예술에 관심이 있는 이십여 명의 사람들이 모여 조직한 단체이다. 〈아동예술연구회〉의 구성은 창작부, 연출부, 방송부, 사업부로 이루어졌으며 주된 사업으로는 〈아동의 밤〉 등을 통해 아동 예술의 발전을 도모했다. 하지만 이 단체에서 목일신이 어떤 일을 했는지 구체적으로 밝혀진 것은 없다.

1934년 목일신은 경성방송국(京城放送局, JODK)에서 동화 방송을 시작한다. 경성방송국은 현재의 KBS(한국방송공사) 전신으로 1927년 2월 26일 설립되었다. 'JODK'는 일본에서 도쿄, 오사카, 나고야에 이어 네 번째로 탄생한 경성방송국의 호출 부호이다. (시노하라

〈아동예술연구회 창립 기사,
《동아일보》, 1933.11.23〉

쇼죠 외, 『JODK 조선방송협회 회상기』, 커뮤니케이션북스, 2006) 경성방송국은 초기에는 단일채널로 우리말과 일본어를 혼합한 단일 방송으로 이루어졌다. 그러다가 1932년부터 일본어 제1 방송과와 조선어 제2 방송과를 두어 우리말과 일본어 방송을 분리한 이중 방송을 시작했다. 제1 방송은 주로 일본 동경방송국의 프로그램을 위주로 내보냈으며 제2 방송은 국악과 방송극, 우리말 강좌와 스포츠 중계 등으로 다양하게 편성되었다. 하지만 우리말 방송의 모든 내용은 조선총독부의 검열을 받았다.

목일신이 경성방송국에서 동화를 방송하게 된 것은 「나의 습작 시대 회고」에서 밝힌 것처럼 김소운의 도움이 컸다. 즉 김소운이 그를 경성방송국 방송과장인 이하윤(李河潤, 1906~1974)에게 소개해 주었기 때문에 가능한 일이었다. 이하윤은 이천 출생으로 일본 호세이대학을 졸업하고 중외일보, 경성방송국, 동아일보, 콜롬비아 레코드사에서 근

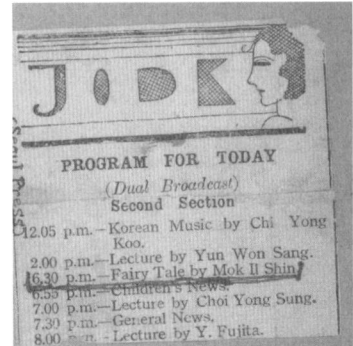

〈경성방송국 시절 목일신과
방송 편성표, 1934〉

무했다. 광복 후에는 프로 문학에 대항하여 중앙문화협회를 창설하였으며 동국대학교와 서울대학교 교수를 역임한 인물이다. (다음백과 참조)

　목일신은 경성방송국에서 동화 「씩씩한 소년」과 「엿단지」 등을 방송했다. 1934년 12월 11일 목일신이 처음으로 방송한 동화는 「씩씩한 소년」이다. 이 동화는 1870년부터 그 이듬해까지 프로이센을 중심으로 한 독일계 나라와 프랑스 사이에서 일어난 보불전쟁(普佛戰爭) 당시 조국인 프랑스를 위해 목숨을 바친 한 소년의 이야기를 다룬 것이다. 목일신은 이 작품을 직접 번역하여 1931년 《아이생활》 9월호에 발표한 적이 있다.

필명과 관련한 이야기

목일신은 순천 매산학교에 입학하던 1928년 처음으로 작품을 발표하기 시작했다. 이후 여러 장르를 넘나들며 창작활동을 하여 1986년 사망할 때까지 약 400편의 작품을 남겼다. 이는 목일신이 작품 활동을 전개한 전체 기간으로 보면 그리 많다고는 할 수 없다. 하지만 그가 실제로 작품 활동을 한 것은 1930년대로 대략 10년 남짓이라는 점을 고려하면 적은 양이 아니다.

작품 활동을 하는 동안 목일신은 본명을 비롯해 여러 개의 필명을 사용했다. 지금도 그렇지만 당시에는 본명 대신 필명으로 활동하는 사람이 많았다. 목일신처럼 본명과 여러 개의 필명을 함께 사용하는 사람도 적지 않았다. 가령 방정환의 경우 '소파, 잔물, 몽견초, 몽견인, 삼산인, 북극성, 쌍S, 서삼득, 목성, 은파리, CWP, 길동무, 운정, 김파영, 파영, ㅈㅎ생' 등의 다양한 필명을 사용했다. 왜냐하면 그 당시는 문맹률이 높아서 그만큼 필자를 구하기가 쉽지 않았기 때문이다.

〈목일신이 필명으로 발표한 작품 목록〉

장르	작품명	필명	발표지	발표연도
동요	무지개	은성	조선일보	1930.9.19
동요	길ㅅ의 전등	목은성	아이생활	1931.6
동요	참새	목은성	아이생활	1931.7
동요	기럭이 나라 가면	은성	매일신보	1931.1.24
동요	아츰이라네	목은성	신소년	1931.6
동요	눈 오는 밤	목옥순	동아일보	1934.1.21
동요	반쪽달	김부암	조선일보	1934.1.30
동요	자동차	김부암	조선일보	1934.3.28
시	님의 가신 길	김부암	매일신보	1934.3.30
시	녯꿈이런가	임일영	매일신보	1934.4.10
동요	참새들의 이얘기	목은성	매신	1934.6.00
동요	조각 달님	김부암	조선중앙일보	1934.8.09
유행가사	동백꼿 필 때	임일영	조선중앙일보	1934.9.21
동요	거미	김부암	조선중앙일보	1934.9.22
동요	별따기	임일영	조선중앙일보	1934.10.26
동요	구름	임일영	동아일보	1934.10.28
유행가사	대동강	임일영	동아일보	1934.11.03
동요	기럭이	임일영	조선중앙일보	1934.11.26
동요	참새	김부암	조선중앙일보	1935.4.04
동요	개아미	김부암	조선중앙일보	1935.8.23
동요	금붕어	김부암	조선중앙일보	1935.8.23
동요	꽃송이	김부암	아이생활	1935.10
민요	신농부가	임일영	콜롬비아	1936.7
군가	멸공의 노래	목은성	전우	1951
유행가사	낙화	김소영	영화시대	
동요	달아 달아	목은성		
동요	봄노래	목은성		

위의 표는 목일신이 필명으로 발표한 작품을 정리한 것이다. 목일신은 본명 외에도 목은성(睦隱星), 목옥순(睦玉順), 김소영(金素影), 김

부암(金富岩), 임일영(林一影)을 필명으로 사용했다. 그는 보통의 경우 작품에 본명을 적었다. 하지만 '일신'처럼 성을 생략하고 이름만을 써서 발표하거나 '은성 목일신'과 같이 호와 본명을 함께 적기도 했다. 이를 제외하고 순수하게 필명으로만 발표한 작품은 현재까지 총 27편으로 밝혀졌는데 이들은 모두 시가(詩歌) 장르에 속하는 작품이다.

목일신이 필명을 사용하기 시작한 것은 1930년이다. 그가 처음 필명으로 발표한 작품은 1930년 9월 19일 《조선일보》에 실린 동요 「무지개」로 '은성'이라는 이름을 사용했다. 은성(隱星)은 '숨은 별'이라는 뜻으로 여러 개의 필명 가운데 가장 많이, 가장 오래도록 사용되었다. 목일신이 어떤 뜻으로 그와 같은 이름을 지었는지 모르지만 이처럼 목일신의 삶을 함축적으로 보여주는 것도 찾아보기 어렵겠다는 생각이 든다.

목일신이 필명으로 가장 많은 작품을 발표한 것은 1934년부터 1935년까지이다. 그는 이 시기에 은성 외에도 목옥순, 김소영, 김부암, 임일영과 같은 이름을 사용한다. 그 가운데 '목옥순'은 목일신의 막내 여동생의 이름이다. 그는 이를 딱 한 번 사용했는데 1934년 1월 21일 《조선일보》에 발표한 동요 「눈 오는 밤」이 그것이다. '김소영'은 목일신이 김소운의 집에 기거할 당시 "그의 따듯한 인간미와 작품세계를 사숙하여 존경하는 나머지" 한동안 사용한 적도 있다고 밝힌 바 있다.

하지만 정작 이 시기에 목일신이 가장 많이 사용한 '김부암'과 '임일영'의 경우 별다른 설명이 없다. 목일신이 남긴 스크랩북에는 김부암으로 발표된 2편의 작품이 있다. 하나는 1934년 1월 30일 《조선일보》에 발표한 동요 「반쪽달」이고, 다른 하나는 1934년 3월 28일 《조선일보》

에 발표한 동요 「자동차」이다. 그런데 이들 외에 같은 이름으로 발표된 작품이 《매일신보》에 1편, 《아이생활》에 1편, 《조선중앙일보》에 5편이 더 있는 것이 확인되었다. 이에 대해 이동순은 "김부암(金富岩)으로 발표된 작품이 4편 더 있으나 이는 목일신의 작품이 아닌 것으로 판단된다. 목일신의 작품에 비해 수준이 현저하게 떨어지기 때문이다."(이동순, 『목일신 전집』, 앞의 책)라고 말하며 전집을 엮으면서 이들 작품을 제외했다.

〈동요 「가마귀 학교」, 《동아일보》, 1934.11.18〉

〈동요 「금붕어」와 「개아미」, 《조선중앙일보》, 1935.8.23〉

이동순의 지적처럼 실제 이들 작품은 내용과 형식에서 목일신 다른 작품과는 조금 차이가 있다. 즉 목일신의 동요는 「가마귀 학교」처럼 시행이 짧은 것도 있지만 대체로 긴 편이다. 또한 글자 수가 일정하고, 대구(對句)를 이루는 경우가 많다. 하지만 《조선중앙일보》에 발표한 「금붕어」와 「개아미」는 그에 비해 상대적으로 시행이 짧다. 그렇지만 한자 이름이 모두 같고, 지면과 상관없이 이들 작품이 비슷한 시기에 발표되었다는 점에서 이들을 모두 배제하는 것이 과연 타당한 것인지는 의문이다.

그것은 '임일영'의 경우도 마찬가지이다. 이동순은 『목일신 전집』 해설에서 "임일영(林一影)으로 유행가 「신농부가」 등을 썼다."라고 밝히고 있다. 아마도 이는 "▲ 野影(야영)은 林鴻恩氏(임홍은씨) ▲ 流星(유성) 玉葉(옥엽) 金三葉(김삼엽)은 康承翰氏(강승한씨) ▲ 隱星(은성) 신농부가 作者(작자) 林一影(임일영)은 睦一信씨(목일신씨)"라고 적힌 목일신이 남긴 스크랩북에 있는 자료를 근거로 삼고 있는 것으로 보인다.

〈임일영이 목일신임을 알려주는 자료, 스크랩북〉

〈경성방송국 현상신민요 당선작「동백꼿필때」,《조선중앙일보》, 1934.9.21〉

    그런데 이번에 확인한 바로는 임일영(林一影)으로 발표된 작품이 전집에서 밝힌 것보다 훨씬 더 많다는 것이다. 가령 1934년 9월 22일 《조선일보》에는 경성방송국에서 공모한 〈현상신민요 당선작 발표〉 기사가 실려 있는데, 이때 1등으로 뽑힌 작품이 바로 임일영의 〈동백꼿필때〉이다. 이 외에도 임일영으로 발표한 작품은 4편이 더 있다. 따라서 기존에 소개된 「구름」, 「大同江(대동강)」, 「신농부가」 3편과 이번에 새로 확인된 동요 「기럭이」와 「별 따기」, 시 「녯쑴이런가」, 민요 〈동백꼿필때〉 4편을 더하면 임일영이란 필명으로 발표한 작품은 모두 7편이다.

    '김부암'으로 발표한 작품과 마찬가지로 '임일영'이란 이름으로 발표한 작품들은 《매일신보》, 《조선중앙일보》, 《동아일보》에 집중적으로 발표되었다. 발표된 시기도 1934년부터 1936년까지로 비슷하다. 그런데 이들은 김부암으로 발표된 작품과 달리 비교적 작품 수준도 높고 장르도 시, 동요, 민요 등으로 그동안 목일신이 활동해온 것과 많이 겹쳐진다.

다만 〈동백꽃필때〉의 경우 경성방송국에서 주최한 현상공모 당선작으로 후에 음반으로 만들어져 널리 방송되었음에도 생전에 이에 대해 아무런 언급이 없었다는 점에서, 이 작품을 쓴 사람이 목일신이라고 단정하기에는 조심스러운 부분이 없지 않다. '김부암'과 '임일영'으로 발표된 작품들이 과연 정말로 목일신의 작품인지 아닌지는 좀 더 많은 연구와 논의가 필요해 보인다.

유행가를 쓴 이유

목일신은 동요 못지않게 유행가와 민요 분야에서도 상당한 성과를 거두었다. 그는 1930년대 신문사, 방송사, 잡지, 레코드사 등에서 주최하는 현상공모에 작품을 응모하여 여러 차례 당선되었고 이들 작품은 대부분 노래로 만들어졌다. 목일신이 유행가와 민요를 처음 발표한 것은 1934년이며 가장 마지막으로 발표한 것은 1937년이다. 따라서 실제 그가 유행가와 민요를 창작한 기간은 불과 5년이 되지 않는다. 이는 발표 연대가 확인된 작품만을 상대로 한 것이며 추후 연구 결과에 따라 얼마든지 달라질 수도 있다. 하지만 아무리 길게 잡아도 10년은 넘지 않을 것으로 보인다.

목일신이 처음 발표한 유행가는 「새날의 청춘」이다. 이 작품은 1934년 《조선일보》 신춘현상문예 유행가 부문 당선작이다. 당시 《조선일보》는 "惑(혹) 低劣(저열)한 레코—드 流行歌(유행가)가 一般家庭(일반가정)에 惡影響(악영향)을 주고 엇는 것이 만흠으로 이것을 一掃(일소)하"(「신춘문예현상모집」, 《조선일보》, 1933.12.2)기 위해 1934년도 신춘현상문예 공모에 처음으로 유행가 부문을 신설했다. 첫

해에 여섯 편이 당선작으로 선정되었는데 목일신의 「새날의 청춘」은 그 가운데 하나이다.

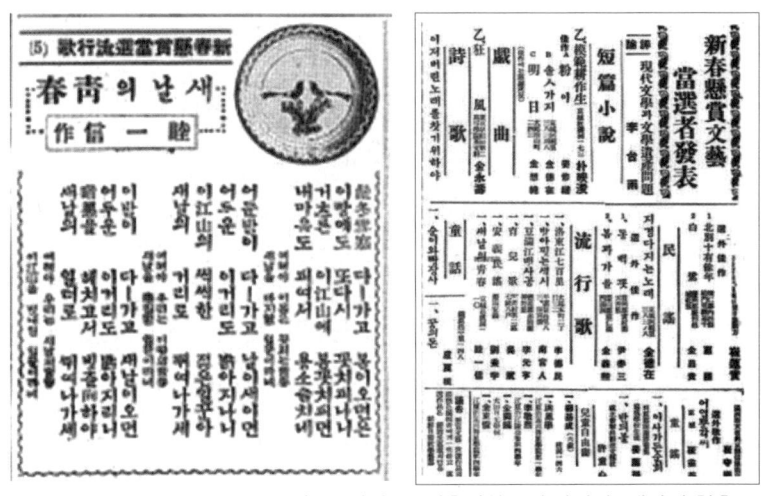

〈1934년 《조선일보》 신춘현상문예 당선작 「새날의 청춘」〉

《조선일보》는 유행가를 공모하며 '일인이편식십이 편(一人二篇式 十二篇)'과 '一篇三節(일편 삼절)'과 같은 규정을 두었으며 상금은 다른 시가(詩歌)와 동일하게 지급했다. 또한 당선작은 저명한 레코드사에 부탁하여 제작한다는 파격적인 조건을 내걸었다. 그리고 실제로 신춘문예에 당선된 작품 모두 레코드사 취입할 수 있도록 했는데, 목일신의 「새날의 청춘」은 민요 부문 당선작인 윤적도의 「동백꽃」과 함께 콜럼비아 레코드사에서 음반으로 제작하게 되었다. (《조선일보》, 1934. 2. 27)

이후에도 《조선일보》는 매년 신춘현상문예를 통해 유행가와 민요를 공모했다. 1938년 2월 24일 《조선일보》 기사에 따르면 그해 유행가 공모에서는 아직 접수 마감이 사흘이나 남았음에도 2,153편이 접수되었다고 한다. 당시에는 《조선일보》, 《동아일보》, 《매일신보》와 같은 신문사를 비롯해 경성방송국과 유명 레코드사 등에서도 유행가를 공모했다. 이는 그 당시 유행가가 시인들에게 상당히 인기가 많았다는 것을 말해준다.

실제로 1930년대 유행가를 쓴 사람 중에는 유명한 시인이 많았다. 이광수, 이은상, 김동환, 주요한, 김억, 노자영, 홍사용, 이하윤 등이 그 대표적이다. 이들 가운데 김억은 61편, 김동환은 7편, 홍사용은 9편의 유행가를 작사했다. 특히 이하윤은 1935년부터 콜럼비아 레코드사에서 문예부장을 지내면서 총 154편의 유행가를 발표함으로써 유행가의 전성시대를 이끌었다. 그런데 바로 그가 목일신이 경성방송국에서 동화를 방송할 수 있도록 도와준 이하윤과 동일 인물이다.

그런데 본래 시인들은 유행가를 좋아하지 않았다. 가령 이광수와 김동환은 당시 유행하던 잡가와 창가를 '기생의 가곡' 또는 '망국의 가요'라고 비난했다. 그 이유는 이들 노래가 대부분 술과 계집을 노래하는 퇴폐적, 세기말적, 아니면 현실도피를 찬미하는 것이어서 조선의 기상을 해칠 우려가 크다고 생각했기 때문이다. 따라서 이들은 아래와 같이 자신들과 뜻을 같이하는 문인과 음악가를 규합해 1929년 2월 22일 〈조선가요협회〉를 결성하고 건전한 유행가를 보급하기 위해 노력했다.

1929년 2월 22일 저녁 7시, 경성 견지동 111번지 조선일보사 건물에는 쟁쟁한 문인과 음악가 16명이 모여들었다. 이광수, 주요한, 김소월, 변영로, 이은상, 김형원, 김억, 양주동, 박팔양, 김동환, 안석주 등 문인 11명과 김영환, 김형준, 안기영, 정순철, 윤극영 등 음악가 5명이었다. 이들은 '우리는 건전한 조선가요의 민중화를 기함'을 강령으로 내세웠다. '모든 퇴폐적 惡種(악종) 가요를 배격하자' '조선 민중은 진취적 노래를 부르자'는 슬로건을 채택했다. (김기철, 「이광수·김억·김동환이 유행가 작사에 뛰어든 이유는?」, 조선일보, 2021. 11. 27)

이와 더불어 시인들이 유행가에 눈을 돌리게 된 또 다른 이유는 《창조》와 《폐허》, 《장미촌》과 《문예공론》 같은 문예지들이 폐간되었기 때문이다. 즉 이들 문예지의 폐간으로 작품을 발표할 지면이 사라지자 시인들이 자구책으로 1920년대 후반부터 유행가를 통해 독자를 찾아 나선 것도 또 하나의 주요한 원인이다.

〈목일신이 작사한 유행가 및 민요 작품〉

장르	작품명	발표지	발표 연도	비고
유행가	새날의 청춘	조선일보	1934.1.13	조선일보 신춘문예 당선작 콜롬비아레코드 취입
민요	동백 꽃 필 때	조선중앙일보	1934.9.21	경성방송국 현상 신민요 1등 당선작 林一影(임일영)으로 발표
유행가	대동강	동아일보	1934.11.3	林一影(임일영)으로 발표
유행가	청춘의 가슴	리갈	1935.1.20	
민요	농부의 노래	농민생활	1936.3-4	

유행가	신농부가	콜롬비아	1936.7	林一影(임일영)으로 발표
민요	고기ㅅ배	아동문예	1936.12	콜롬비아레코드 취입
유행가	영춘곡	매일신보	1937.1.15	신춘현상문예 당선작
유행가	저 달이 지면	오케이레코드	1938.3	
유행가	배ㅅ노래	콜럼비아레코드		콜롬비아 레코드사 현상모집 당선작
유행가	청춘가	콜럼비아레코드		콜롬비아 레코드사 현상모집 당선작
유행가	낙화	영화시대		영화시대 유행가 공모 제1회 당선작 金素影(김소영)으로 발표
유행가	에헤야 타령	포리도루레코드		
유행가	명사십리	오케이레코드		문호월 작곡, 김연월 노래
유행가	명사십리	오케이레코드		문호월 작곡, 김광남 노래
유행가	사공의 노래			
유행가	달빛이 지면			

그렇다면 목일신은 어떤 계기로 유행가를 쓰게 되었을까. 그는 생전에 스무 편 남짓한 유행가와 민요를 남겼다. 목일신은 《조선일보》에 「새날의 청춘」이 당선되던 해에 김소운이 발행하는 《아동세계》에 근무하고 있었다. 「나의 습작 시대 회고」에는 당시 그가 《영화시대》라는 잡지에서 주최하는 유행가 공모에 김소영이라는 필명으로 「낙화」를 응모해 제1석으로 당선되었다는 내용과 함께 자신이 유행가를 쓰게 된 이유에 대해 비교적 자세하게 밝히고 있다.

一九三三(1933)년에는 조선일보사에서는 널리 건전한 대중가요를 신춘 현상에 모집하였었는데 나의 〈새날의 청춘〉이 당선되었으며 이 노래는 콜럼비아 레코오드에 취입 되었던 것이며 이것을 계기로 나는 〈明沙十里〉〈뱃노래〉〈신농부가〉〈고깃배〉〈달빛이 흘러흘러〉 등 민요와 가요, 十(10)여 작품을 〈콜럼비아〉〈오ㅡ케〉〈포리돌〉 레코오드에 취입 했었는데 내가 이같이 아동문학이 아닌 작품에 손을 대고 외도를 하게 된 것은 화가 安夕影(안석영) 씨의 소개도 동기가 되겠지만 동요는 현상 당선작품도 상금이 五(오)원, 十(십)원이었는데 레코오드에 취입이 되면 一(일)편에 二十(이십)원의 원고료를 받게 되었거니와 그 당시 나의 한달 식비가 十五(십오)원이었던 것이다. (목일신, 「나의 습작 시대 회고」, 앞의 책)

이 글에서 목일신은 자신이 동요가 아닌 유행가를 쓰게 된 것에 대해 두 가지 이유를 들고 있다. 하나는 화가 안석영의 소개로 유행가를 쓰게 되었다고 말한다. 안석영은 본명이 안석주(安碩柱)로 서울에서 태어났다. 그는 1916년 휘문고보에 입학하여 한국 최초로 서양화를 개척한 화가 고희동으로부터 본격적인 미술 수업을 받았다. 졸업 후 일본으로 건너가 미술을 공부했으며 1921년 귀국해 '서화협회'에서 김동성으로부터 만화를 배웠다. 나도향을 비롯해 이광수, 이무영, 박종화, 홍명희 등의 소설에 삽화를 그렸으며 《개벽》과 《백조》, 《어린이》와·《별건곤》 등의 표지 삽화를 그렸다. 한국 삽화에 있어서 선구자와도 같은 존재이다. (다음백과 참조)

목일신이 유행가를 쓰게 된 또 하나의 이유는 경제적인 문제 때문이다. "동요는 현상 당선작품도 상금이 五(오)원, 十(십)원이었는데 레코오드에 취입이 되면 一(일)편에 二十(이십)원의 원고료를 받게 되었거니와 그 당시 나의 한달 식비가 十五(십오)원이었던 것이다."에서 보는 것처럼 그 당시 목일신은 가족과 떨어져 경성에서 홀로 생활하고 있었다. 물론 김소운의 집에 기거하면서 그가 발행하는 《아동세계》에 근무했지만, 그의 경제적 사정은 좋지 못했다.

〈목일신 유행가와 민요 음반 광고〉

아버지 목홍석이 사망한 후 목일신의 가족은 할아버지의 집에 들어가 살았다. 따라서 어느 정도는 할아버지로부터 경제적인 도움을 받았을 것이다. 하지만 할아버지는 이미 나이가 많아 경제 활동을 할 수 있는 상황이 아니었고 셋이나 되는 동생은 나이가 너무 어려서 가계에 아무런 도움을 주지 못했다. 그런 상황에서 목일신은 장남으로서 아버지를 대신해 어떤 식으로든 가족을 보살펴야만 했을 것은 너무나 당연한 일이다. 그래서인지 그는 이후에도 각종 유행가 공모전에 적극적으로 참여한다.

그 결과 1934년 경성방송국 현상신민요에 「동백꽃필때」가 1등으로 당선되고, 1937년 《매일신보》 신춘현상문예에 「영춘곡」이 당선작으로 선정된다. 1933년 콜롬비아 레코드사 현상공모에 「배ㅅ노래」와 「청춘가」가 당선되고, 오케레코드사 현상공모에 「명사십리」가 당선되는 등 여러 차례 공모전에서 입상한다. 그리고 이들 가운데 8편이 음반으로 제작되었는데, 이는 목일신이 동요 시인으로서뿐만 아니라 유행가 작사가로도 뛰어난 재능을 지니고 있었다는 것을 말해준다.

목일신 동요에 곡을 붙인 작곡가들

　목일신은 생전에 200편이 넘는 동요를 남겼다. 이들 가운데 노래로 만들어진 것만도 80편이 넘는다. 물론 이 숫자는 하나의 작품을 여러 명의 작곡가가 곡을 붙이거나, 중창이나 합창 등의 형식으로 만들어진 것을 모두 포함하고 있어 그것들을 제외하면 실제 노래로 만들어진 작품의 수는 그보다는 조금 줄어든다. 하지만 이를 고려하더라도 목일신의 동요가 노래로 만들어진 비율은 상당히 높다. 그가 발표한 동요들 가운데 무려 1/3이 노래로 만들어졌다.

　이런 사실은 목일신의 동요가 기본적으로 노래로 만들기에 적합한 여러 가지 요소를 갖추고 있다는 것을 방증한다. 그의 동요는 대체로 분위기가 밝고 경쾌한 편이다. 내용 면에서는 자연과 일상 속 풍경을 소재로 한 작품이 많고 형식 면에서는 4·4조, 7·5조, 8·5조 등의 정형률을 바탕으로 하고 있다. 게다가 대구와 음성 상징어를 적극적으로 활용함으로써 구조적 안정감과 리듬감을 조성하고 있다. 그런 만큼 목일신의 동요는 시(詩)적 요소보다 요(謠)적 요소가 훨씬 더 강한 편인데 이는 애초에 그가 노래로 불리게 될 것을 생각하고 작품을 창작했기 때문이다.

〈목일신의 동요곡 작품 목록〉

작곡가	작품명	편수
권길상	달밤의 뱃놀이, 달이 떴네, 물레방아, 새날의 행진곡, 은구슬 금구슬, 자장가, 달밤에	7
김규환	산비둘기	1
김대현	자전거, 자전거(중창)	2
김동진	기차	1
김성태	고향 하늘, 보름달, 비누방울, 산비둘기, 산새,	5
김영택	눈, 달과 별, 보름달, 새떼, 시내물, 외로운 방아	6
김유섭	물레방아, 새날의 일꾼	2
김형주	달이 떴다(2부합창), 물레방아, 물오리, 밤노래, 별, 산비둘기, 시냇물, 자장가	8
박윤삼	아침	1
박재훈	시냇물	1
박태준	보름달	1
박태현	누가 누가 잠자나, 자장노래(인형 재우는 노래), 하늘, 가을바람 솔솔, 우체통	5
손대업	우체통	1
안기영	산새	1
유기홍	봄비, 비누방울, 우체통	3
윤용하	별	1
윤이상	불어라 봄바람, 반딧불, 푸른 숲울, 해지는 강변	4

이동수	꽃송이(이중창), 달밤의 뱃놀이, 망향곡, 무지개, 물오리, 별, 별나라 꽃나라, 비누방울(2부 합창), 사공의 노래, 우체통(3부 합창), 자장가, 참새, 푸른 수풀	13
이종태	시냇물	1
이흥렬	아롱다롱 나비야	1
정병현	새동무	1
정순철	산새	1
차명선	물새	1
최덕해	별	1
최설봉	가마귀	1
최효섭	물오리, 밤노래	2
현 운	물오리	1
홍성유	그리운 언니, 기차, 낙화, 보름달, 보실비, 봄비, 비 오는 밤, 참새, 피리	9

위의 표는 목일신의 동요 가운데 노래로 만들어진 것을 정리한 것이다. 위에서 보듯이 목일신의 동요에 곡을 붙인 작곡가는 모두 28명이며 실제 노래로 만들어진 작품은 모두 82편이다. 『목일신 동요곡집』(소명출판, 2013)에 소개된 것보다 2명의 작곡가와 4편의 작품이 더 늘어난 것이다. 이는 이번에 새로 발굴한 작곡가와 작품이 포함되었기 때문이다.

목일신의 동요에 작곡가로 참여한 사람 중에는 윤이상, 안기영, 김대현, 이동수, 홍성유, 권길상, 유기홍, 김성태, 정순철 등 당대의 유명한 작곡가가 대거 포함되어 있다. 이들은 적게는 한 편부터 많게는 십여 편을 작곡했는데 목일신의 동요에 가장 많이 곡을 붙인 사람은 이동수이나. 1954년 향도출판사에서 출간된 『이동수 동요작곡집』에는 「비누방울」과 「물오리」를 비롯해 총 13편의 작품이 실려 있다. 김대현은 목일신의 작품 가운데 딱 1편만을 작곡했다. 하지만 그것이 많은 사랑을 받아 국민동요로 자리하면서 그의 대표곡이 되었는데 그것이 바로 「자전거」이다.

목일신 동요에 곡을 붙인 작곡가 가운데 특별히 눈여겨볼 사람은 윤이상, 박태현, 권길상, 정순철이다.

윤이상(尹伊桑, 1917~1995)은 생전에 '현존하는 현대음악의 5대 거장'으로 불릴 만큼 유명한 작곡가이다. 그는 경남 산청에서 태어나 통영에서 어린 시절을 보냈다. 윤이상은 아버지의 반대로 음악 공부를 못하다가 1935년 일본으로 유학해 오사카(大阪) 음악원에서 음악 이론과 작곡을 공부했다. 하지만 가족사로 인해 1936년 다시 통영으로 돌아온 그는 화양학원(현 화양초등학교)에서 교사로 지내면서 많은 동요를 작곡했다. (박선욱, 『윤이상 평전 – 거장의 귀환』, 삼인, 2017) 이듬해인 1938년 광흥사에서 출간된 『윤이상동요작곡집』에는 목일신의 동요 「불어라 봄바람」, 「반딧불」, 「푸른 숲울」, 「해지는 강변」이 수록되어 있다.

「자전거」와 더불어 목일신의 대표작이라 할 수 있는 「누가 누가 잠자나」를 작곡한 박태현(朴泰鉉, 1910~1993)은 평안남도 평양에서 태어나 숭실전문학교를 졸업하고 일본 동양음악학교에서 첼로를 전공했다. 그는 수많은 동요와 가곡을 작곡하고 합창과 관현악을 지휘하는 등 다

⟨『음악 4』(1963)에 실린 「누가 누가 잠자나」, 세종 교과서박물관⟩

채로운 음악 활동을 펼쳤다. 박태현은 윤석중의 「산바람 강바람」과 김영일의 「물새 발자국」 등 많은 애창곡을 남겨 한국 창작 동요의 발전에 큰 업적을 남겼다. 1959년 발간된 『박태현 동요100곡집』(가야음악

문화사)에는 「누가 누가 잠자나」와 「자장노래」를 비롯해 목일신의 노래 다섯 편이 실려 있는데 그 가운데 「누가 누가 잠자나」는 박태현이 숭실전문학교 졸업반이던 1936년에 작곡했다. (류더희·고성휘, 『한국동요 발달사』, 한성음악출판사, 1996)

권길상(權吉相, 1927~2015)은 서울대학교 예술대학 음악부를 졸업한 뒤 고등학교 교사로 재직하면서 「스승의 은혜」, 「과꽃」, 「꽃밭에서」 등 약 150곡의 동요를 작곡하였다. 이후 그는 35세 때인 1961년 미국으로 건너가 한국학교를 세워 한글을 가르치는 한편 동요 보급에도 많은 관심을 기울였다. (다음백과 참조) 그는 「자장가」를 비롯해 목일신의 동요 일곱 편을 작곡했는데 그 가운데는 목일신이 1935년 《신가정》에 발표하여 당시 편집장이었던 이은상에게 격찬을 받은 「은구슬 금구슬」이 포함되어 있다. (「그 동요를 지은 분들」, 《여성동아》, 1971년 5월호)

「산새」를 작곡한 정순철(鄭淳哲, 1901~?)도 윤이상 못지않게 흥미로운 인물이다. 그는 동학 2대 교조 해월 최시형의 외손자로 충북 옥천군 청산면에서 태어나 의암 손병희의 도움으로 1919년 보성고등보통학교를 졸업했다. 이후 일본 동경음악학교로 유학을 떠난 정순철은 그곳에서 1923년 방정환, 윤극영, 손진태, 고한승 등과 〈색동회〉를 조직하여 동요 보급 운동을 전개한다. 그의 대표작으로는 윤석중의 동요에 곡을 붙인 「짝짜꿍」(1929)과 〈졸업식 노래〉(1948)가 있다. 정순철은 「반달」을 작곡한 윤극영과 더불어 우리나라 창작 동요의 개척에 크게 이바지한 인물로 평가받고 있다. (도종환, 『어린이를 노래하다 – 한국 동요의 선구자 정순철 평전』, 미디어창비, 2022. 참조)

  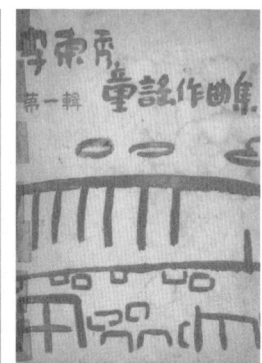
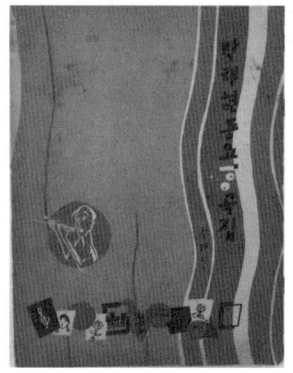 

〈목일신의 동요가 수록된 동요작곡집〉

　비록 목일신이 동요를 창작한 기간은 짧았지만 그는 그 누구보다 많은 작품을 남겼다. 또한 그들 가운데 상당수가 당대를 대표하는 유명 작곡가들에 의해 노래로 만들어졌다. 「자전거」, 「누가 누가 잠자나」, 「자장가」, 「아롱다롱 나비야」, 「비눗방울」 등이 그 대표적인 작품으로 이들은 지금도 널리 애창되고 있다. 그런데 놀라운 점은 이들을 창작했을 당시 목일신의 나이가 불과 10대 중반부터 20대 초반이었다는 것이다. 그런 점에서 만일 그가 1940년대 들어서면서 작품 활동을 중단하지 않고 계속해서 작품을 썼더라면 어땠을까 하는 생각이 들기도 한다.

영신학교와 일본 유학, 청진방송국

「나의 습작 시대 회고」에서 목일신은 1933년 봄 충정로 1가에 있는 김소운의 집에 기거하며 《아동세계》에 근무했다고 밝힌 바 있다. 1934년 1월에 발표된 《조선일보》 신춘현상공모 당선작 명단에는 목일신의 주소가 '경성 창성동 110'으로 나와 있다. 또한 1934년 12월 11일 경성방송국에서 처음으로 동화 「씩씩한 소년」을 방송한 기록이 있고, 1935년 7월 《아이생활》에 발표한 동요 「흰구름」에 '5월 8일 남산우에서'라는 표기가 있는 것으로 보아 목일신은 적어도 1935년까지는 경성에 머물러 있었던 것으로 보인다.

하지만 이듬해인 1936년 목일신은 경성을 떠나 전남 보성에 있는 '영신학교' 제2대 교사로 부임한다. 영신학교는 1934년 황보익 목사가 일반 학교에 다니지 못하는 불우한 아이들을 위해 보성읍교회 안에 만든 학교이다. 영신학교의 초대 교사는 이규택으로 당시로는 드물게 고등교육을 받은 사람이었다. 그는 황보익의 부탁으로 2년 동안 영신학교에서 봉사하다가 평양신학교에 입학하기 위해 그만두었는데 그 후임으로 목일신이 부임한 것이다.

일제는 한국인들이 많은 교육을 받게 되면 식민 지배에 방해가 될 것을 우려하여 교육 기회의 확대에 노력을 기울이지 않았다. 겨우 식민 통치에 필요한 소수의 사람들에게 보통교육 정도의 기회만을 제공하려고 하였던 것이다. 지금은 국민(초등)학교 6년과 중학교 3년 과정을 의무교육으로 하여 국가가 그 비용을 지급하고 있지만 일제 식민지배하에서는 초등학교 교육비도 자기가 부담해야 했으며 그 비용 또한 보통 사람들로는 부담하기 힘들 정도였으니 당시에는 배우고 싶어도 학교에 가지 못하는 사람이 매우 많았다.

황 목사는 이러한 현실을 가슴 아파하면서 그들에게 교육받을 기회를 마련해 주려고 많은 노력을 기울여, 마침내 1934년 보성읍교회부설 영신학교를 개교하게 되었다. 영신학교는 교회 건물의 한 칸을 교실로 이용하였으며, 현 군청 앞 등기소 자리에 있던 객사(큰 기와집)를 헐 때 나온 판자, 목재 등을 구입하여 책상과 의자를 만들어 이용하였다. 영신학교는 일반 국민학교에 다니지 못한 불우한 아동을 모아 1학년부터 4학년까지 지도하였으며, 4학년을 마치면 일반 국민학교 5학년으로 편입되는 학교였다. (『보성읍교회 100년사』, 대한예수교장로회 보성읍교회, 2017)

이 글은 당시 보성읍교회 목사였던 황보익이 영신학교를 설립한 배경을 자세히 설명하고 있다. 그런데 사실 보성읍교회는 목일신에게 남다른 의미가 있는 곳이다. 왜냐하면 아버지 목홍석이 1925년부터 1926년까지 이곳에서 제3대 조사를 지냈기 때문이다. 또한 아버지 목홍석과 영신학교를 설립한 황보익 목사는 함께 순천노회로부터 평양신학교 신학생 취교자로 선정되는 등 신앙적으로나 사상적으로 깊은 인연을 지니고 있기 때문이다.

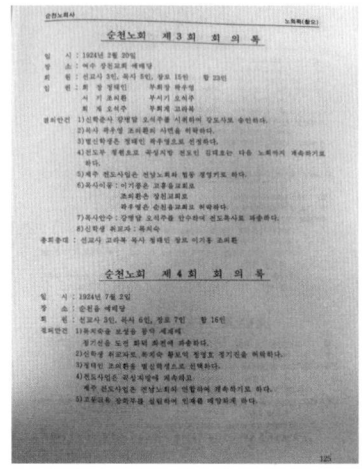

⟨『제1집 회의록』,
대한예수교 장로회 순천노회,
1986⟩

　황보익은 아버지 목홍석과 함께 1919년 고흥 독립만세운동을 주도했던 오석주의 처남이다. 그는 14살 때 오석주의 전도로 기독교에 입교하였으며 1924년 대한예수교 장로회 순천노회의 추천으로 평양신학교에 입학해 1931년 목사가 되었다. (소재열, 앞의 글) 황보익은 신학교를 졸업하기 전인 1927년 목홍석에 이어 보성읍교회 제4대 조사가 되었으며 한때 순천에서 활동하던 구례인 선교사의 조사로 활동하기도 했다. 구례인은 목일신이 신흥학교로 전학할 당시 보증을 서고 목홍석이 순천 안력산병원에 입원해 치료를 받을 수 있도록 도와준 바로 그 선교사이다.

　이처럼 목일신에게 보성읍교회와 황보익 목사는 보통 이상의 의미로 다가왔을 것은 어렵지 않게 추측할 수 있다. 실제로 목일신은 영신학교 교사로 있으면서 남다른 열정을 쏟았는데, 『보성읍교회 100년사』에는 당시 목일신에 대해 "그는 열정이 대단하여 사비를 들여 당시에는 구하기 힘든 하모니카를 수십 개 구입하고 학생들에게 연주법을 지도하여 하모니카 합주를 하게 할 정도였다."라고 기록하고 있다. 도전적이고 열징이 가득힌 스물세 살의 젊은 교사 목일신의 모습이 눈앞에 선하게 그려진다.

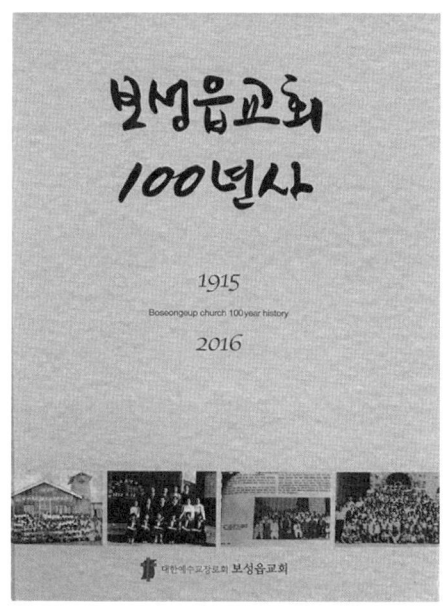

〈『보성읍교회 100년사』, 보성읍교회, 2017〉

하지만 목일신의 영신학교 교사 생활은 오래가지 못한다. 1930년대 중반 일제는 조선을 대륙침략을 위한 병참기지로 삼기 위해 기만적인 내선일체(內鮮一體)·황민화(皇民化) 정책을 내세워 곳곳에 신사를 세우고 참배할 것을 강요했다. 이러한 일제의 만행에 종교단체들은 강력히 반발하고 전국의 기독교계 학교들은 저항의 의미로

1937년 일제히 자진해서 폐교했다. 현재 남아있는 기록은 없지만 아마도 영신학교가 폐교한 것도 그 무렵이 아닐까 싶다. 영신학교의 폐교로 목일신도 자신이 그토록 애정을 가졌던 영신학교를 떠날 수밖에 없었다.

목일신의 작품 가운데 '보성'에서 썼다고 표기가 되어 있는 것은 「봄나비」(1935), 「영춘곡」(1937.1), 「봄비」(1937.3), 「해지는 강변」(1937.6), 「반딧불」(1937.9), 「자장가」(1939.9), 「살랑살랑」, 「배노래」 모두 8편이다. 또한 작품은 아니지만 1936년 11월 5일자 《조선일보》 '독자사교실'에는 목일신이 영신학교 교사로 근무했다는 것을 알 수 있는 글이 실려 있다. 이 가운데 발표일이 확실하지 않은 「봄나비」, 「살랑살랑」, 「배노래」를 제외하면 목일신이 보성에 언제까지 머물렀는지 대략 추정해 볼 수 있다.

목일신의 연보에서 아직 구체적으로 확인되지 않은 것 가운데 하나가 일본에 유학한 시기이다. 《전집》에는 목일신이 1938년 3월 일본 간사이대학(關西大學) 전문부 법문학과를 졸업했다고 적고 있다. 『배화백년사』(배화학원, 1999)에도 같은 내용이 있는 것으로 보아 《전집》의 경우 이를 바탕으로 작성한 것으로 보인다. 하지만 목일신이 남긴 스크랩북에는 자필로 작성한 〈약력〉이 있는데 여기에는 1937년 간사이대학(關西大學)을 졸업했다고 적혀 있다. 이처럼 자료마다 졸업한 연도가 달라 혼란을 주고 있는데 현재까지는 어느 것이 맞는지 확인되지 않고 있다.

1971년 배화여자중·고등학교 교지인 《배화》에 발표한 「나의 습작시대 회고담」에서 목일신은 "내가 이같이 아동 문학 작품이 아닌 작품에 손을 대게 된 것은 동요는 현상 당선된 것도 상금이 10원이었는데 레코오드에 취입이 되면 한 편에 20원의 원고료를 받게 되엇거니와 그 당시 한 달의 식비가 15원 정도였으므로 학비에도 다소 도움이 되었던 것이다."라고 적고 있다. 따라서 목일신이 일본에 유학한 것은 아마도 그가 유행가를 집중적으로 발표했던 1934년에서 1937년 사이가 아닐까 생각된다.

목일신은 1941년 6월 23일 《매일신보》에 발표한 「노력」에 '六月(유월) 十日(십일), 淸津(청진)서'이라고 적고 있다. 그리고 1942년 《아이생활》 7월호에 발표한 「희생적 정신」에는 '筆者(필자) 淸津放送(청진방송)에서 勤務(근무)'라고 적고 있다. 이를 통해 1940년대 초반 목일신이 청진에서 지냈다는 것을 알 수 있다. 청진방송은 경성방송국이 전국 방송을 위해 1936년 함경북도 청진에 설치한 것으로 목일신이 그곳에서 어떤 업무를 담당했는지 구체적으로 알려진 내용은 없다.

조선어 말살정책과 절필

1929년 10월 24일, 미국 뉴욕 증권거래소의 주식 가격 폭락과 함께 밀어닥친 세계 대공황의 여파로 전 세계의 모든 자본주의 국가들은 역사상 그 유례를 찾아볼 수 없을 만큼 혹독한 경기 침체에 빠져든다. 이는 일본도 예외가 아니었다. 일본은 위기에 처한 경제 위기를 탈출하고 자국 내의 불만을 잠재우기 위해 대륙진출을 꾀하기 시작했다. 1931년 9월 18일 만주를 병참 기지로 만드는 동시에 식민화하기 위한 목적으로 만주사변을 일으키고 1937년 7월 7일 드디어 중일전쟁을 감행했다.

일본은 이러한 대륙 침략 전쟁을 준비하면서 신사참배, 창씨개명, 조선어 사용금지 등 여러 가지 정책을 시행하였다. 이들 정책은 겉으로는 내선일체를 표방하고 있었지만, 사실은 조선인을 황민화하여 즉 일본 천황의 충실한 백성으로 만들어 전쟁에 참여시키려는 일종의 통치 전략이었다. 1930년대 중반 일제는 그러한 속셈을 노골적으로 드러내어 1938년에는 교회에도 신사참배를 강요했다. 이어서 1939년 11월에는 창씨개명에 관한 칙령을 발표하고 신문과 잡지를 통폐합하는 등 일본어의 상용이 강제되었다.

 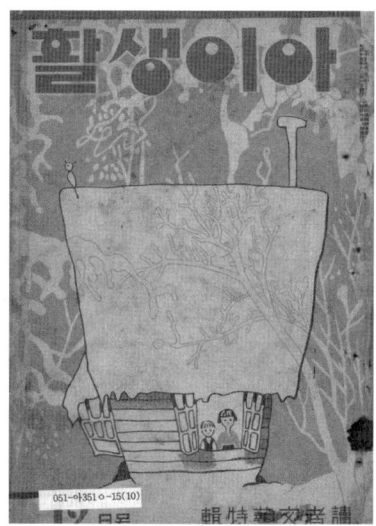

〈아동 잡지 《아이생활》의 표지, 국립중앙도서관〉

그 결과 1940년 8월 조선인이 경영하던 조선어 신문인 《동아일보》와 《조선일보》가 폐간되었다. 조선어로 된 신문은 조선총독부의 기관지였던 《매일신문》 하나만 남겨두었다. 이와 더불어 각종 문예지도 줄줄이 폐간함으로써 조선인이 운영하는 언론기관은 사실상 모두 사라졌다. 그로 인해 작가들이 작품을 발표할 수 있는 지면도 한순간 모조리 없어졌다. 이는 아동 잡지도 예외가 아니어서 《어린이》, 《카톨릭소년》, 《소년》 등이 모두 폐간되었다. 그런 와중에서도 《아이생활》만은 유일하게 살아남았는데, 그것은 이 잡지를 운영하는 실질적인 주체가 외국 선교사들이었던 탓에 다른 잡지에 비해 상대적으로 일제의 간섭을 덜

〈김영일, 「대일본의 소년」, 《아이생활》, 1943.1〉

받았기 때문이다. (이재철, 『한국현대아동문학사』, 『한국현대아동문학사』, 일지사, 1978)

이후 일제는 각급 학교와 공식 모임에서 한글 사용을 금지하는 등 조선어 말살 정책을 본격화한다. 그 대표적인 예로 일제는 당시 『한글』이라는 잡지를 발행하는 한편 한글 강습소를 열어 한글 교육을 전개하고 있던 조선어학회를 탄압한다. 조선어학회는 1921년 주시경의 문하생이었던 최두선, 임경재 등이 한글의 연구와 발전을 도모할 목적으로 창립된 단체인데, 일제는 1942년 10월 최현배와 이희승 등 33인의 조선어학회 회원을 치안유지법에 근거한 내란죄 위반으로 기소한다. 이것이 그 유명한 조선어학회 사건이다. (다음백과 참조)

또한 일제는 한글 사용을 금지하는 것에 그치지 않고 급기야는 우리

나라 작가들에게 일본어로 작품을 창작할 것을 강요한다. 이러한 일제의 요구에 작가들은 처음에는 응하지 않는다. 하지만 곧 일본어 상용이 빠르게 확산하면서 일본어로 작품을 써서 발표하는 작가들이 하나둘씩 늘어나기 시작했다. 물론 일제의 요구에 항거하여 절필을 선언한 작가들도 있지만 얼마 뒤 최남선과 이광수, 서정주와 모윤숙 등 당대를 대표하는 작가들조차도 그 대열에 적극적으로 합류한다.

이는 아동문학 작가들도 예외가 아니다. 김영일의「대일본의 소년」은 대표적인 친일 동요로 거론되는 작품이다. "우리들은 대일본에 일꾼이란다", "우리들은 대일본의 용감한 소년", "우리들은 대일본에 똑같은 소년"에서 보듯이 이 작품에서 김영일은 조선의 소년들에게 내선일체 즉 조선인의 민족성을 버리고 일본 정신을 가질 것을 강요하고 있다. 이는 일제의 황민화정책에 동조하는 것을 넘어 보다 적극적으로 개입함으로써 문학을 하나의 정치적 선전도구로 활용하고 있다.

김영일(金英一, 1914~1984)은 황해도 신천에서 태어나 1938년 《매일신보》에 동요「반딧불」이 당선되면서 작품 활동을 시작했다. 그는「다람쥐」와「구두 발자국」등 많은 애창 동요를 남겼을 뿐만 아니라 1954년 한국아동문학회를 창립하는 등 한국 아동문학의 발전에 크게 공헌했다. 그런데도 김영일은 일제강점기 그와 같은 반민족적인 행위를 보임으로써 자신의 인생에 씻을 수 없는 큰 오점을 남겼다.

이는 동요「고향의 봄」으로 유명한 이원수(李元壽, 1912~1981)도 별반 다르지 않다. 그는 마산공립보통학교 시절 아동 잡지인《어린이》와《신소년》등을 읽으며 조금씩 문학적 소양을 쌓았다. 이후 이원수는 1924년《신소년》에「봄이 오면」을 발표했고 1925년《어린이》에「고향의 봄」이 입선하면서 본격적으로 작품 활동을 시작했다. 그는 생전에 동시와 동화, 그리고 비평에 이르기까지 폭넓게 활동하면서 뛰어난 작품을 많이 남겼다. (이재철, 『세계아동문학사전』, 앞의 책) 흔히 이원수는 방정환과 더불어 근대 한국 아동문학을 이끈 대표적인 인물로 평가받고 있는데, 그 역시 김영일과 마찬가지로 1942년 이후 「지원병을 보내며」 등 다섯 편의 친일 작품을 발표함으로써 인생 최대의 오점을 남기고 말았다.

하지만 목일신은 달랐다. 그는 김영일과 이원수와는 다른 방향으로 나아갔다. 「나의 습작시대 회고」에서 밝힌 것처럼 목일신 문학의 출발은 독립운동가인 아버지에게서 비롯되었다. 즉 "어린 우리 형제들에게 때때로 나라를 빼앗긴 슬픔과 애국의 정신을 고취하여 주셨으며", "나의 아버지는 될 수 있는 대로 우리말로 작품을 써보라고 지시하여 주셨으므로"에서 보듯이 그에게 문학은 단순히 오락물이 아니라 우리말과 우리 민족의 정신을 지키기 위한 하나의 방법이었다.

더욱이 목일신의 아버지 목홍석은 1919년 고흥 독립만세운동을 주동한 혐의로 체포되어 일제의 혹독한 고문을 받고 그 후유증으로 사망하였다. 또한 목일신도 전주 신흥학교 재학 중이던 1930년 광주학생운동 동조 시위에 참여했다가 학교에서 강제 퇴학을 당한 경험이 있다. 그런 그가 신사참배를 강요하고, 조선어를 말살하기 위해 온갖 만행을 저지르는 일제의 정책에 순순히 따르지 않았을 것임은 당연한 일이다. 특히 일본어로 작품을 발표한다는 것은 대단히 치욕스러운 일로 여겨졌을 것이다.

실제로 목일신은 1940년대 들어서면서 거의 작품 활동을 하지 않는다. 아래의 표는 그가 발표한 작품을 연도별로 나타낸 것이다. 목일신이 생전에 남긴 스크랩북에는 발표는 했으나 발표 지면과 발표 연대가 확인되지 않은 작품들이 많다. 아래의 표는 이들을 제외하고 순수하게 발표 연대가 확인된 것만을 기준으로 작성한 것이다. 그런데 아래에서 보듯이 1930년대와 1940년대 목일신이 발표한 작품 수를 보면 큰 차이를 보인다. 물론 1940년대 일제의 조선어 말살 정책으로 신문과 잡지들이 모조리 폐간되어 발표 지면이 없어진 탓도 있겠지만, 그 내용을 보면 목일신의 행보는 친일 작품을 쓴 작가들과는 다르다는 것을 알 수 있다.

〈목일신의 연도별 작품 발표〉

	1920년대	1930년대	1940년대	1950년대	1960년대	1970년대	1980년대
동요	25	167	5	8	0	0	0
산문	17	8	7	20	8	5	0
시와 가사		20	3	8	2	2	1
합계	42	195	15	36	10	7	1

목일신은 1940년대 총 5편의 동요를 발표했다. 1940년 《동아일보》에 「하늘」과 「봄소식」 2편을, 1941년 《매일신보》에 「별」과 「햇님」 2편을 발표했다. 그리고 1942년 《아이생활》에 「외로운 등불」 1편을 발표한 것을 마지막으로 1952년 《새벗》에 「보슬비」를 발표할 때까지 동요를 발표하지 않는다. 또한 이 시기에 7편의 산문을 발표하는데 《매일신보》에 4편, 《아이생활》에 3편이 실려 있다. 시와 가사는 1940년대를 통틀

어 3편을 발표했는데 이들은 모두 해방 이후에 발표된 것들이다. 물론 조선총독부에서 발행하는 《매일신보》에 동요 2편과 산문 4편을 발표했지만 이들의 내용은 친일과는 거리가 멀었다.

> 혹 어떤 사람은 남을 도으려고 애쓰는 것보다는 언제나 저 한 몸만 잘 되어가면 고만이라고 생각하게 될는지는 모르나 어느 째 어느 경우에 그 어쩌한 일을 당하게 될 지도 누구나 알 수가 업는 것이며 또 자기는 언제나 어려운 일을 당하게 될 리는 업다고서 장담을 할 수도 업는 것입니다. (「서로 도읍자」, 《매일신보》, 1941. 5. 19.)

> 아모리 많은 학식(學識)과 상식(常識)을 갖이고서 남보다 뛰여난 인물이라고 대우(待遇)를 받는 사람일지라도 참으로 진실한 마음과 정신을 갖이지 못했다면 그는 참된 인격자(人格者)라고는 할 수 없을 것이며 혹은 얼골은 남보다 못 생기고 또 학식은 별로 없는 사람일지라도 언제나 진실한 마음을 갖이고서 모든 일을 실행하여 나가며 또는 모든 말이나 행동이 조곰도 허식(虛飾)이 없이 언제나 진실한 태도로서 모든 것을 실행하여 나아가는 사람이야말로 누구에게나 미듬직한 사람으로서 신임(信任)을 받게 될 것입니다. (「진실한 사람」, 《아이생활》, 1943. 3)

위 인용문에서 보듯이 오히려 이 시기에 발표한 목일신의 작품을 보면 그와는 반대되는 내용이나 정서를 지닌 것이 많다. "언제나 저 한 몸만 잘 되어가면 고만이라고 생각하게 될는지는 모르나 어느 째 어느 경우에 그 어쩌한 일을 당하게 될는지도 누구나 알 수가 업는 것"(「서로도읍자」) 또는 "모든 말이나 행동이 조곰도 허식(虛飾)이 없이 언제나 진실한 태도로서 모든 것을 실행하여 나아가는 사람이야말로 누구에게나 미듬직한 사람으로서 신임(信任)을 받게 될 것"(「진실한 사람」) 등의 말은 그저 예사롭게만 들리지 않는다. 이 글들은 목일신이 독자인 조선의 어린이들을 위해 쓴 것이지만, 마치 일제의 폭압에 흔들리지 않도록 자신을 단단히 벼리기 위해 쓴 것 같은 생각이 들기도 한다.

교육에서 애국의 길을 찾다

　1930년대 후반부터 1940년대 초반까지는 아마도 목일신의 인생에서 가장 춥고 혹독한 시기였을 것으로 추정된다. 실제로 이 시기는 일제의 폭압이 가장 극성을 부리던 때이다. 1929년 세계 대공황 이후 계속해서 대륙침탈의 야욕을 드러낸 일제는 1937년 중일전쟁을 감행하고, 급기야 1941년에는 진주만을 공격하여 아시아·태평양 전쟁을 일으켰다. 일제는 이들 전쟁을 일으키기에 앞서 사전 작업으로 1930년대 중반 내선일체(內鮮一體)를 내세워 조선인의 사상을 철저히 억압하고 통제하는 한편 전쟁 발발 시 이에 적극적으로 협력할 것을 강요했다.

　목일신이 경성을 떠나 보성 영신학교 교사로 부임한 것은 1936년이다. 그해는 일제가 신사제도 개정에 대한 칙령을 발표하여 황민화(皇民化)의 상징이라 할 수 있는 신사가 급격하게 늘어났다. 이를 계기로 일제는 교회에도 신사참배를 강요하기 시작했는데, 교회에서는 그와 같은 일제의 강요에 불응하여 기독교 계열 학교들이 일제히 자진해서 폐교하는 등 신사참배 반대운동을 전개했다.

한때 목일신이 재학했던 순천 매산학교와 전주 신흥학교가 1937년 9월 일제의 신사참배 거부와 함께 자진 폐교를 한 것으로 보아 아마도 목일신이 교사로 있던 영신학교도 그 무렵에 문을 닫은 것으로 보인다.

〈신사제도 개정 기사,《동아일보》, 1936.8.2〉

목일신은 영신학교 교사로 부임하기 전에 잠시 경신학교에서 계몽대원 학생들을 가르친 경험이 있다. 하지만 그것은 계몽운동의 하나로 학생들의 여름방학 기간에 한시적으로 운영하는 학교였다. 따라서 목일신이 영신학교의 정식 교사로서 학생들에게 쏟았던 애정과는 감히 비교조차 할 수 없는 것이었다. 실제로 당시 목일신은 사비로 하모니카를 구입해 학생들에게 연주법을 지도할 만큼 모든 정성을 쏟았다. 또한 모 잡지에 발표한 글에서 "나는 또한 어린이들을 가장 조아하며 가장 사랑하는 즉 어린이를 禮讚(예찬)하는 사람의 하나이외다."(「기쁘든 설」,《아이생활》, 1935)라고 말한 바 있다. 그런 만큼 타의에 의해 영신학교를 떠날 수밖에 없는 현실이 무척 절망스러웠을 것이다.

영신학교를 떠난 목일신은 1938년 9월 동아일보사 보성지국에서 일한 것으로 보인다. 그가 남긴 스크랩북에는 이와 관련한 자료가 남아 있다. 아마도 《아이생활》의 '독자구락부'에 실렸던 글로 생각되는데, 여기에는 尹福鎭(윤복진), 睦一信(목일신), 朴泳種(박영종), 姜小泉(강소천) 등의 주소를 알려달라는 독자의 요청에 "睦一信씨(목일신씨) – 全南寶城邑內東亞日報社寶城支局(전남보성읍내동아일보보성지국)"이라고 답하는 내용이 있다. 그 당시 목일신이 동아일보사 보성지국에서 어떤 일을 했는지, 언제까지 일했는지는 현재 구체적으로 알려진 것이 없다.

그런데 목일신은 영신학교와 마찬가지로 동아일보사 보성지국에서도 그리 오래 근무한 것 같지는 않다. 일제는 1938년 3차 조선교육령을 발표하여 일본어를 필수 과목으로 지정함으로써 사실상 학교에서의 조선어 교육을 금지했다. 또한 일본어 상용화를 강제하는 한편 신문과 잡지의 통폐합 조치로 1940년 8월 《동아일보》와 《조선일보》가 폐간하게 된다. 따라서 목일신이 동아일보사 보성지국에서 일한 기간은 아무리 길게 잡아도 2년이 넘지는 않을 것으로 보인다.

1940년 12월 목일신에게는 또 하나의 불행한 사건이 닥친다. 1928년 아버지 목홍석이 사망한 뒤 실질적인 가장 역할을 하며, 그와 동생들을 보살피며 정신적으로 물질적으로 많은 도움을 주었던 할아버지 목인범이 80세의 일기로 사망한 것이다. 이듬해 목일신은 전 호주였던 할아버지를 대신해 호주를 상속받게 되는데 이는 그동안 할아버지가 맡았던 가족부양의 의무를 승계하는 것을 의미한다는 점에서 알게 모르게 그에게 많은 영향을 주었을 것이다.

그로부터 몇 달 후인 1941년 5월 목일신은 조영옥(曺映玉)과 결혼한다. 그때 그의 나이는 스물여덟 살로 당시로서는 비교적 만혼(晩婚)에 속했다. 할아버지 목인범이 사망하고 얼마 지나지 않아 바로 결혼한 것으로 보아 아마도 집안에서 결혼을 재촉한 것이 아니었을까 싶다. 그런데 여기서 흥미로운 것은 목일신의 제적등본에는 아내 조영옥의 전 호적이 '함경북도 경성군 어랑면'으로 되어 있다는 점이다. 경성군은 함경북도 중부 경성만 연안에 있는 군으로 청진시와 접해 있다. 따라서 목일신이 아내 조영옥을 만난 것은 청진방송국에 근무하던 시기로 추측된다.

실제로 목일신이 1941년 6월 23일 《매일신보》에 발표한 「노력」의 말미에는 '六月(유월) 十日(십일), 淸津(청진)서'라는 글귀가 적혀 있다. 또한 1942년 《아이생활》 7월호에 발표한 「희생적 정신」에는 '筆者(필자) 淸津放送(청진방송)에서 勤務(근무)'라고 적혀 있어 당시에 그가 청진방송국에 근무하고 있었다는 것을 알려준다. 청진방송국은 1935년 7월 경성방송국의 방송망확충계획에 따라 1936년 부산과 평양 등과 함께 청진에 개국한 방송국으로 1945년 일본의 패전으로 문을 닫았다.

목일신이 한반도의 가장 남단에 있는 보성에서 가장 북단에 있는 그 먼 청진까지 어떻게 가게 되었는지는 모른다. 추측하건대 1934년 김소운의 소개로 경성방송국에서 동화를 방송한 경험이 청진방송국에 취직하는 데 어떤 식으로든 도움을 주었을 것으로 보인다. 목일신이 언제까지 청진방송국에 근무했는지 알 수가 없다. 하지만 청진에서의 생활도 그리 길지는 않았던 것 같다. 목일신이 남긴 스크랩북 자필 약력에는 경성방송국에 5년 근무했다고 적혀 있으며 『보성읍교회 100년사』에는 그가 1943년부터 순천고등여학교에 재직했다는 기록이 있다. 이를 종합하면 목일신이 청진방송국에 근무한 것은 어림잡아 1939년부터 1943년까지가 아니었을까 생각된다.

이처럼 1930년대 후반부터 1940년대 초반까지 목일신은 숱한 어려움을 겪는다. 일제의 신사참배 강요에 따른 영신학교의 폐교, 할아버지 목인범의 사망과 결혼으로 인한 가장으로서의 막중한 책임감, 동아일보와 청진방송국의 퇴사 등 불과 5년 남짓한 시간에 굵직한 사건들이 연달아 일어난다. 더욱이 조선어 사용금지, 신문과 잡지의 강제 폐간 등 일제의 폭압으로 그의 삶에서 상당한 비중을 차지했던 작품 활동도 할 수 없게 된다. 아마도 이런 상황은 그가 신흥학교 재학 중 광주학생운동 동조 시위를 벌이다 강제 퇴학을 당한 것만큼이나 절망적으로 다가왔을 것이다.

청진방송국을 퇴사한 목일신은 이후 새로운 진로를 모색한다. 그리고 1943년 고향 근처인 순천으로 거처를 옮겨 순천고등여학교 교사로 부임한다. 이는 목일신의 이력으로 볼 때 지극히 당연한 것으로 생각된다. 실제로 그는 그동안 글을 쓰고, 잡지를 만들고, 학생들을 가르치고, 동화를 방송하는 등 주로 정신노동에 속하는 일들을 했다. 당시의 경제적, 사회적 상황에서 사실 그 외에 마땅한 직업을 가질 수가 없었다. 또한 목일신이 그와 같이 교육자로서의 길을 선택한 것에는 아버지 목홍석의 영향도 적지 않았을 것으로 보인다. 아버지 목홍석이 그랬던 것처럼 그도 교육을 통해 애국의 길을 찾았던 것은 아닌가 하는 생각이 든다.

순천고등여학교와 목포여중 교사 시절

목일신에게 순천은 무척 의미 있는 도시이다. 보통학교 졸업 후 상급학교 진학을 위해 가족을 떠나 독립한 최초의 장소이자, 일제로부터 받은 고문 후유증에 시달리던 아버지 목홍석이 병원에 입원해 치료받다 사망한 곳이다. 즉 순천은 목일신으로 하여금 새롭게 펼쳐질 미래에 대한 기대와 설렘을 품게 해준 동시에 그의 인생에서 처음으로 커다란 상실감을 안겨준 장소이다.

목일신은 1928년 고흥 흥양보통학교를 졸업하고 순천 매산학교에 입학한다. 하지만 어떤 이유에서인지 이듬해인 1929년 구례인 목사의 권유로 전주 신흥학교로 전학을 간다. 이후 목일신은 경성과 보성, 청진 등 여러 곳에서 생활하다가 1943년 순천고등여학교 교사가 되어 돌아온다. 이는 순천을 떠난 지 꼭 15년 만의 일이다. 순천고등여학교는 4년제로 설립 인가를 받아 1940년 4월 개교를 했다가 1946년 6년제로 개편되면서 순천여자중학교로 이름을 변경하였다. 그리고 1951년에 순천여자중학교와 순천여자고등학교로 분리되어 오늘에 이르고 있다.

현재 순천공립여학교 시절 목일신의 행적에 대해 구체적으로 밝혀진 내용은 없다. 이와 관련한 자료를 찾기 위해 순천여자고등학교를 찾았으니 해방 이전의 자료는 아무것도 남아있지 않다는 말을 들었다. 목일신이 1961년 《배화》에 발표한 「한마음 한뜻」에는 "교편생활을 한 지가 어느덧 18년째"이며 "우리 겨레의 최대의 염원(念願)이던 해방의 날을 S학교에서 맞이하"였다는 내용이 나온다. 이는 그가 1943년 순천고등여학교 교사로 부임한 것을 확인할 수 있는 귀한 자료이다.

〈순천고등여학교 재직 시절 사진〉

목일신이 남긴 스크랩북과 육필원고에는 그가 순천고등여학교에 재직했다는 것을 알려주는 자료가 몇 가지 더 있다. 하나는 동료 교사 및 학생들과 함께 찍은 사진이고 다른 하나는 동요 「봄소식」이다. 그리고 또 다른 하나는 목일신이 작사한 순천여학교 교가와 응원가이다. 목일신은 동요 「봄소식」을 발표하면서 자신의 소속을 '順天高等女學校敎

〈동요「봄소식」,
《동아일보》, 1940.5.13.〉

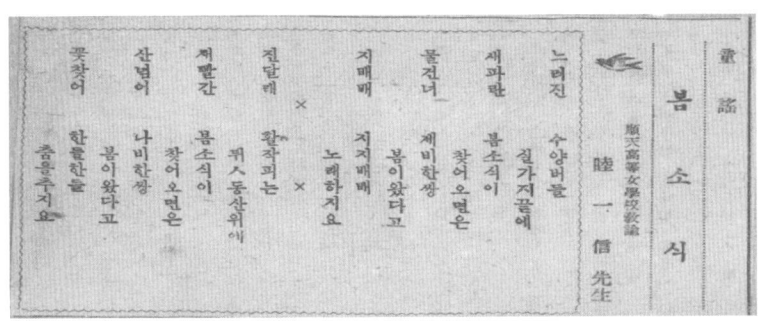

〈동요「봄소식」원문, 발표 연도와 발표지 미상〉

諭(순천고등여학교교유) 睦一信(목일신) 先生(선생)'라고 밝히고 있다. 이 작품은 현재 발표 연도와 발표지가 정확하게 확인되지 않고 있다. 그런데 이 작품은 1940년 5월 13일《동아일보》에 제목과 이름 없이 발표되었던 것을 다시 발표한 것이다. 목일신은「나의 습작 시대 회고」에서 "그 다음 해에 동아일보 지상에 나의 〈봄소식〉이라는 노래가 삽화와 함께 크게 발표된 일이 있었는데 이상하게도 나의 이름이 빠져 있었던 것이다. 학예부로 전화를 걸었더니 편집자의 실수로 그렇게 되었다고 사과한 일까지 있었던 것이다."라며 이와 관련한 일화를 소개하고 있다.

이정석의 논문 「찌르릉! 목일신 동요연구」(《한국아동문학연구》 20, 2011)와 최연수의 『재미있는 부천이야기』(부천역사연구소, 1996)에는 목일신이 매산학교에 재직한 것으로 적고 있다. 하지만 이는 사실과 다르다. 매산중학교 홈페이지에는 매산학교가 1937년 9월 1일 일제의 신사참배 강요에 불응하여 폐교하였다가, 해방 후인 1946년 9월 3일 조선예수교장로회 순천노회 유지 재단 명의로 복교했다고 기록하고 있다. 따라서 이들의 진술은 위에서 밝힌 내용과 일치하지 않는다.

〈목포여자중학교 전경〉

목일신은 1948년 순천고등여학교를 떠나 목포여자중학교 교사로 부임한다. 순천고등여학교와 달리 목포여자중학교에 재직할 당시의 행적은 비교적 뚜렷하고 자료도 상대적으로 많은 편이다. 학교 소풍 때 학생들과 함께 찍은 사진도 많고 그 당시 경험담을 발표한 글도 여러 편이나 된다. 또한 「목포여자중학교 송가(頌歌)」를 비롯해 신문에 실린 미담 기사까지 다양하게 존재한다.

생각만 해도 몸서리 쳐지는 6·25 당시 나는 피난의 발길을 해남(海南)으로 돌렸었다. 1950년 7월, 괴뢰군들은 승승장구 침략의 발길을 남으로 남으로! 침투시켜 물밀듯 내려왔던 것이다. 대전을 지나 이리로! 또 다시 나주로! 드디어 목포 외곽에까지 밀려 왔던 것이다. 시민들은 가뜩이나 긴장이 되어 짐을 꾸려가지고 서로 다투어 피난길에 오르던 참인데 갑자기 '탕!'하는 총소리가 나므로 시민들은 질겁을 하여 실로 혼비백산, 우왕좌왕하며 마치 벌떼를 헤쳐 놓은 듯이 일대 혼잡을 일으키게 되었던 것이다. (「해남의 달빛」,《배화》, 1973)

벌써 15년 전 어느 지방에 있을 때 당시 유명한 쌍둥이 탁구선수였던 위쌍숙 양 자매를 지도해본 일이 있거니와 위양의 기술은 날로 놀랍게 진보되어 중 3 때는 벌써 지도교사나 코취의 실력보다 능가하여 전국 대회에 나가서 여중부는 물론 여고부에까지 우승을 하였고 다음엔 세계대회에 나가서 중공군과 구라파 선수권자를 다 누르고 세계 제 2위에까지 진출한 바 있거니와 위양은 어디까지나 겸손하며 결코 거만하거나 뽐내는 일이 없었고 자기의 영광은 모교의 여러 선생님들과 코취 선생님의 덕택이라고 사실과는 맞지 않는 날을 기자들에게 했던 것이다. (「바른 미와 예절」, 『배화』, 1968.1.20.)

현상금을 피난민에게 희사한 미거 하나 작 二五(25)일 시내 목포여중 교사 睦隱星(목은성) 씨는 거반 해군정훈실에서 현상모집한 멸공가사에 일석으로 당선하여 받은 상금 금일봉을 그대로 피난민에 희사 하였다는 바 이러한 동 씨의 따뜻한 동포애에 일반의 찬사가 높다. (미담 기사, 《스크랩북》, 발표연도·발표지 미상)

첫 번째와 두 번째 글은 목일신이 배화여자고등학교의 교지인 《배화》에 발표한 것이다. 먼저 「해남의 달빛」은 목포여자중학교 당시 발생한 한국전쟁의 경험을 이야기하고 있다. 그는 이 글에서 피난을 떠난 해남에서 위험을 무릅쓰고 많은 도움을 주었던 P 여고 재직 당시 제자였던 강남순 양과 그의 가족에게 감사의 마음을 전하고 있다. 다음으로 「바른 美(미)와 예절」은 목일신이 목포여중 재직 시 지도했던 쌍둥이 탁구선수 위쌍숙·위순자 자매를 예로 들어 "참된 미는 겸손과 친절이며 단정한 태도와 상냥한 말씨 그리고 예의 바른 교양과 상식"의 중요성에 관해 강조하고 있다.

마지막 글은 스크랩북에 있는 것으로 목일신의 선행을 다룬 신문 기사이다. 한국 전쟁 당시 목일신은 해군목포경비부 정훈실에서 현상 모집한 멸공가사 공모에 필명 목은성으로 「滅共(멸공)의 노래」를 응모하여 一席(일석)으로 당선되었는데 그때 받은 상금을 전액 피난민들에게 희사했다는 내용을 담고 있다. 이는 앞의 두 글과 함께 평소 목일신의 성품이 어떠했는지를 잘 보여준다.

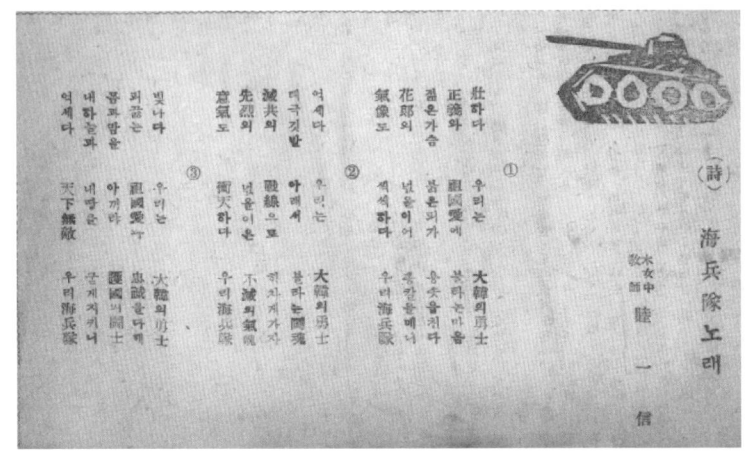

〈 목포여중 재직 시 발표한 「해병대 노래」〉

　목일신은 목포여자중학교 교사로 재직하면서 1942년 중단했던 동요창작을 10년 만에 다시 시작한다. 「보슬비」(1952), 「기차」(1952), 「꽃송이」(1954), 「별나라 꽃나라」(1954), 「사공의 노래」(1954), 「새해가 떴다」(1955)가 이 시기에 발표한 동요들로 그 수가 많은 편은 아니다. 한국전쟁 직후라 그런지 「멸공의 노래」, 「해병대 노래」와 같이 군가를 여러 편 작사하기도 했다.

탁구 천재 위쌍숙·위순자 자매와의 만남

목일신은 목포여자중학교에 재직 중이던 1952년 운명적인 만남을 경험한다. 훗날 국가대표로 한국 스포츠의 위상을 크게 떨친 쌍둥이 탁구 선수 위쌍숙·위순자 자매와의 만남이 바로 그것이다. 그 당시 목일신은 목포여자중학교에서 교사 겸 탁구부 감독을 맡고 있었다. 그런데 탁구에 전혀 문외한이었던 위쌍숙·위순자 자매를 발굴하고 지도하여 세계적인 선수로 길러냈다.

2023년 6월 목일신문화재단 양재수 이사장과 장녀인 목민정은 위쌍숙·위순자 자매를 어렵게 수소문하여 만날 수 있었다. 그 자리에서 이들 자매는 탁구를 하게 된 계기를 묻는 질문에 "중학교 2학년 때 교실이 모자라서 강당에서 수업했습니다. 그런데 강당에 탁구대가 있어 관심을 가지게 되었고 당시 탁구부 감독이시던 목일신 선생님으로부터 지도를 받으며 탁구에 입문하게 되었습니다."라고 밝힌 바 있다.

이와 더불어 위쌍숙·위순자 자매는 "주말에 선생님에게 개인지도를 받으면서 실력이 급성장하였습니다", "실력이 충분하다고 판단했는지 중2였던 저희를 목포여자중학교 탁구부의 중3 반에 넣어주셨습니다." "중학생인 제가 실력이 좋으니 선생님께서 고등학생 경기에 출전을 시켰고 제가 우승을 해버렸습니다." 등 당시 탁구부 감독이었던 목일신과의 일화를 상세히 들려주었다.

〈탁구 천재 위쌍숙·위순자 자매와 장녀 목민정〉

실제로 위쌍숙·위순자 자매는 목일신의 지도를 받고 실력이 일취월장하여 전국적으로 주목받는 선수로 성장한다. 위쌍숙은 목포여자중학교 2학년 때 전국대회에 출전하여 크게 활약하였고, 이듬해인 3학년 때 제34회 전국체육대회에서 여자중등부 개인전 우승은 물론 위순자와 짝을 이룬 복식전에서도 우승을 차지한다. 이어서 서울대학교 총장상 쟁탈전 전국 남녀고등학교 탁구 선수권대회에 중학생으로 참가하여 개인전과 복식전 모두에서 우승을 차지하는 기염을 토한다.

특히 위쌍숙은 목포여자고등학교 1학년에 재학 중인 열일곱 살의 어린 나이에 국가대표로 선발되어 1954년 싱가포르에서 열린 제3회 아시아탁구선수권대회에 참가한다. 그리고 이경호와 짝을 이루어 남녀혼합복식에서 우승한다. 이는 우리나라 탁구 역사상 국제대회에서의 첫 우승으로 위쌍숙이 탁구에 입문한 지 불과 3년 만에 거둔 성과이다. 탁구선수로서의 그의 재능이 얼마나 뛰어난지를 잘 보여준다. 그해 12월 위쌍숙·위순자 자매는 목일신의 주선으로 목포여자고등학교에서 이화여자고등학교로 전학한다.

이에 대해 위쌍숙·위순자 자매는 인터뷰에서 자신들이 목포에서 서울로 전학한 것은 목일신의 권유가 있었기 때문이라고 밝혔다. 즉 당시 한국은행 탁구부 코치였던 한승호에게 더욱 전문적인 지도를 받을 수 있도록 소개해 주었기 때문이라고 한다. 이에 그치지 않고 목일신은 1955년 목포여자중학교를 사직하고 이화여자고등학교 교사로 부임한다. 그리고 위쌍숙·위순자 자매를 교사 관사에서 살 수 있도록 배려하고 계속해서 지도하는 등 이들 자매의 성장에 많은 도움을 주었다.

이후 위쌍숙·위순자 자매는 1955년에 열린 제9회 전국남녀종합탁구선수권에서 여자 복식전에서 우승을 차지하는 등 뛰어난 성적을 거둔다. 그리고 1956년 4월 동경에서 열린 제23회 세계 탁구선수권대회에서 위쌍숙이 전문가들의 예상을 깨고 강적들을 연이어 격파하여 여자부 개인전 단식에서 5위를 차지하는 쾌거를 이룬다. 이로 인해 위쌍숙은 엄청난 환호와 칭찬을 받으며 전 국민적 영웅으로 떠오른다.

당시 신문들은 제23회 세계 탁구선수권대회에 참가한 위쌍숙이 예상외로 선전을 펼치자 이를 대서특필하기 시작했다. 물론 지금의 관점으로는 우승한 것도 아니고 고작 개인전에서 5위를 차지한 것이 그렇게 대단한 일인가 하고 생각할 수도 있다. 하지만 그 당시 한국은 전쟁 직후라 사회적, 정치적, 경제적으로 몹시 어려운 상황이었다. 이러한 시대적 배경을 고려하면 이는 실로 엄청난 사건이었다. 이런 사실은 외국 통신사들이 "세계선수권에 첫 출전을 한 한국의 「위」양의 활약은 세계탁구전문가들의 예상을 완전히 전복시킨 것"(《경향신문》, 1956.4.12)으로 우승후보자를 추정할 수 없게 만든 활약이었다고 극구 찬양한 것에서 얼마든지 확인할 수 있다.

〈「탁구계의 여왕 위쌍숙」, 경향신문, 1956.4.15〉

이처럼 당시 이화여자고등학교 3학년에 재학 중인 위쌍숙이 세계탁구 선수권대회에서 세계탁구 전문가들이 경탄할 만한 활약을 펼치자 모교인 이화여자고등학교에서는 교직원과 중·고등학교 학생 전체의 이름으로 위쌍숙에게 승리와 건강을 바라는 격려(激勵) 전보를 보냈다고 한다. 1959년 학원사에서 출간된 『서간문전서』에는 목일신이 당시에 위쌍숙에게 보낸 것으로 짐작되는 「遠征中(원정중)인 選手(선수)를 激勵(격려)」라는 제목의 편지글이 실려 있다. 아래는 그 내용의 일부를 옮겨놓은 것이다.

魏双淑孃(위쌍숙양).

그대들을 떠나보내고 나서 學校(학교)에서 우리가 기대하는 것보다도 國民(국민) 全體(전체)가 기대하는 것이 얼마나 크다는 事實(사실)을 國內(국내) 新聞報道(신문보도)를 보고 잘 알 수 있었다. 魏孃(위양), 그대들 두 어깨에 짊어진 重責(중책)은 그 어느 때보다도 强(강)하고 무겁다는 것을 인식해 주어야 하겠다.

이번 競技場(경기장)에는 우리의 철천지원수 中共(중공) 오랑캐를 비롯하여 三十六年(삼십육년) 동안 우리의 膏血(고혈)을 빨아먹던 日本(일본)의 選手(선수)들, 또 우리가 그토록 決死反對(결사반대)한 休戰(휴전)을 成立(성립)시킬려고 애써 마침내 民族的(민족적) 치욕의 역사를 이루워 놓게 한 英國(영국)의 選手(선수)들도 참석한다는 점에서 그대들의 責任(책임)이 한층 무겁다는 것이다.

日本(일본)에 倒着(도착)한 직후 보내준 글 가운데, 어찌된 일인지 첫 께임이 中共(중공) 오랑캐 선수와의 對戰(대전)이라는 것을 알고 나는 잠시 눈을 감고 하느님께 빌었었다. 그런데 그날 중계방송을 통해서 적을 보기 좋게 擊破(격파)하였다는 사실을 알았을 때 우리들은 정말 눈물이 나오도록 기뻐했다. 비록 우리들만이 아니었다. 大韓(대한)의 딸이 中共(중공)을 격파하였다는 이 快消息(쾌소식)은 國內外(국내외) 각新聞(신문)의 TOP을 차지하고 날으듯이 팔리어 나갔던 것이다. (「遠征中(원정중)인 選手(선수)를 激勵(격려)」중에서, 『書簡文全書(서간문전서)』, 학원사, 1959)

이 글에서 목일신은 세계 탁구선수권대회에 참가한 제자 위쌍숙에게 선전을 당부하고 있다. 그리고 첫 게임이 "中共(중공) 오랑캐 선수와의 對戰(대전)이라는 것을 알고" 걱정했으나 "적을 보기 좋게 擊破(격파)"해서 전 국민이 눈물이 나오도록 기뻐했다며 당시 국내의 분위기를 전한다. 이어서 "三十六年(삼십육년) 동안 우리의 膏血(고혈)을 빨아먹던 日本(일본)의 選手(선수)들"과 우리가 그토록 반대한 휴전을 성립시킴으로써 "民族的(민족적) 치욕의 역사를 이루워 놓게 한 英國(영국)의 選手(선수)들"에게 반드시 승리하고 돌아오기를 기도하고 있겠다고 말한다. 이는 당시 위쌍숙의 세계 탁구선수권대회에서의 승리가 개인을 넘어 그 이상의 의미를 지니고 있다는 것을 알려준다

국제 무대에 나가서 한국 탁구계의 건재를 과시하고 한국 여성의 존재를 만방에 알린 위쌍숙은 17세 때 싱가포르에서 열린 제3회 아시아 탁구 선수권 대회에 출전하여 혼합 복식전에서 우승하였으며 제1회 한국 체육상을 받았다. 특히 1956년 4월 2일 일본 도쿄에서 열린 제23회 세계 탁구 선수권 대회에서 중공 선수를 물리치는 등 그 전적은 눈부셨다.

〈『이화백년사』, 1994〉

　　대(對) 중공 : 3전 3승(3 : 0)·승

　　인도 : 3전 3승(3 : 0)·승

　　홍콩 : 3전 2승(2 : 1)·승

　　헤이든(영국 탁구 여왕) : (2 : 0)·승

　　바키오 · 왕(제3회 아시아 대회 우승자) : (3 : 1)·승

　　다나카(일본 여자 선수 주장, 55년도 세계 대회 제2위) : (3 : 2)·승

　준준 결승에서 일본 선수 오오까와(大川, 제23회 대회 우승자)에게 석패하여 세계 제5위 선수권을 얻었으며 고등학교 3학년 재학시에 이 상을 수상했다. (『이화백년사』, 이화여자고등학교, 1994)

위 인용문은 이화여자고등학교에서 위쌍숙에게 '이화상'을 수여하며 밝힌 공적(功績) 내용이다. 이화여자고등학교에서는 1949년부터 재학 중 어떤 부문에서 특출한 기능을 가지고 대단한 활약을 했거나 국가적으로 또는 국제적으로 공적을 세운 졸업생에게 '이화상'을 수여하고 있다. '이화상'은 창립 기념일인 5월 31일에 시상하고 있는데 위쌍숙은 1956년 일곱 번째로 수상했다.

이화여자고등학교 교사 시절

1955년 목일신은 목포여자중학교를 사직하고 그해 12월 이화여자고등학교 국어 교사로 부임한다. 또한 탁구부를 맡아 목포여자중학교 시절부터 함께 해온 쌍둥이 탁구선수 위쌍숙·위순자 자매를 계속해서 지도한다. 목일신의 지도를 받은 위쌍숙·위순자는 서울특별시 남녀 종별 탁구선수권대회를 비롯하여 전국 종합 탁구선수권대회 등에서 매년 우승을 차지함으로써 이화여자고등학교 탁구부의 전성기를 이끌어 간다. 실제로『이화백년사』에는 "교사 목일신(睦一信)의 지도를 받으며 자라난 탁구부는 우리나라 체육 사상 길이 기록될 위쌍숙(魏雙淑)과 같은 선수를 배출하였고" 그 전적 또한 매우 화려하였다고 기록하고 있다.

그와 더불어 목일신은 이화여자고등학교로 부임하면서 문학 활동에도 관심을 기울인다. 1955년 7월 한국자유문학자협회 아동문학분과위원으로 선출되고 그동안 발표했던 작품들을 모아 1957년 광주 국학도서출판관에서 동요집『물레방아』를 출간한다. 하지만 안타깝게도 동요집『물레방아』는 현재 그 실체가 확인되지 않고 있다. 다만 목일신이 남긴 스크랩북과 이화여자고등학교에서 발행한 주보(週報) 《거울》에 동요집 『물레방아』의 출간을 알리는 광고 문구가 있어 생전에 목일신이 동요집을 출간했다는 것을 알 수 있을 뿐이다.

〈목일신 동요집 『물레방아』 출간 광고와 이화 주보인 《거울》〉

이는 이화여자고등학교 부임 당시 목일신을 소개한 글인 "선생님은 문학자일 뿐 아니라 탁구 정구에 선수권을 가지고 계신 스포-쓰맨이시기도 하다. 앞으로 문학하려는 학생의 좋은 선배이며 『이화 문단』 건설을 지향하는 지금 우리는 훌륭한 지도자 한 분을 또 모신 셈이 된다."와도 어느 정도 관련이 있어 보인다. 실제로 그 당시 이화여자교등학교는 '이화문학상'을 제정하고, 심사위원으로 박두진·김남조·전숙희·정비석과 같이 당대 최고의 문인들을 모시는 등 학생들의 문학 활동에 많은 지원을 하였다.

二十年前(이십년전)의 지기(知己)를 찾으니 정말「찌리링 찌리링」의 노래를 작사하던 아득한 옛날이 다시금 생각나게 됩니다. 그때부터 數十年(수십년)이 흘러간 오늘 갑자기 訪問(방문)해 주신데 對(대)하여 그저 반갑고 기쁘다는 表現(표현) 外(외)에는 별다른 말이 생각나지 않습니다. 이곳 제가 일하는 곳에는 유모어 作家(작가)로 이름난 趙欣波氏(조흔파씨)와 女流詩人(여류시인) 金南祚氏(김남조)씨 女流作家(여류작가) 申智植(신지식)씨, 그리고 李兄(이형)도 잘아시는 戰後(전후) 隨筆(수필)로 新銳(신예)의 頭角(두각)을 나타낸 朴承勳(박승훈) 氏(씨) 등이 같이 있어 文學(문학)을 하는 분위기로는 最古(최고)로 安定(안정)된 感(감)이 있습니다. 다만 李兄(이형)이 豫想(예상)하시는 것 같이 大家然(대가연)한 대우는 아직 못 받고 있고 國語(국어)의 權威(권위)인 척도 할 수 없고 해서 그저 한 구석에 쭈크리고 묵묵히 오늘을 開拓(개척)나갈 뿐입니다. (목일신,「遠路(원로를 오셨는데 不在中(부재중)이어서」,『書簡文全書(서간문전서)』, 학원사, 1959)

이 글은 목일신이 수필가 이선종(李善鍾)에게 쓴 편지의 일부이다. 이 글에서 목일신은 이화여자고등학교에 함께 근무한 조흔파, 김남조, 신지식 등 동료 문인들을 소개하고 있다. 조흔파(趙欣坡, 1918~1980)는 그 유명한『얄개전』을 쓴 소설가로 '유머 소설', '명랑 소설'이라는 장르를 개척하고 정착시킨 인물이다. 김남조(金南祚, 1927~2023)는 1960년대를 대표하는 여류시인이자 수필가로 연가풍이면서도 신앙적 삶을 고백하는 작품으로 많은 인기를 얻었다. 신지식(申智植, 1930~2020)은 소설가이자 아동문학가로 밝고 희망적인 내용의 작품을 주로 썼으며 국내 최초로 1963년에 『빨간 머리 앤』을 번역하여 소개한 것으로 유명하다.

〈이화여자고등학교, 이화여고 홈페이지〉

이처럼 목일신이 이화여자고등학교 근무할 당시 동료 교사 중에는 유명한 문인들이 많았다. 또한 학교 측에서도 학생들의 문학 활동을 적극적으로 권장했다. 따라서 그의 말대로 "文學(문학)을 하는 분위기로는 最古(최고)로 安定(안정)된 感(감)이" 있었다. 하지만 목일신은 국어 교사와 탁구부 지도 교사를 겸임한 탓인지 뚜렷한 문학적 성과를 보여주지는 못한다.

   수줍은 장미는 가시속에 피건만
   진흙 속에 묻히어 피어난 연꽃
   단비에 잎새마다 이슬먹은 봉오리
   生命(생명)의 甘露水(감로수)인냥 마시어 보고자

5月(월)의 薰風(훈풍)에 그윽한 향기

배꽃도 薰風(훈풍)에 피어나 지고

무궁화 꽃송이마다 피어나 지고

- 「五月(오월)과 연꽃」 전문(《거울》, 1955. 5. 2.)

이 시는 목일신이 1955년 5월 이화여자고등학교 주보인 《거울》에 발표한 작품이다. 이 시기에 발표한 작품을 보면 동요보다 시와 산문이 차지하는 비중이 훨씬 높다. 발표 지면도 이화여자고등학교의 주보인 《거울》이 압도적인 비중을 차지한다. 시 「오월과 연꽃」(1955)과 「거울 100호의 노래」(1956), 산문 「바른 글을 쓰자 1, 2」(1955) · 「오늘은 한글날-509주년을 맞이하여」(1955) · 「혈투의 2년-『거울』과 『외별』 선생」(1956) · 「거울 100호에 보내는 글」(1956) · 「『거울』실을 떠나는 박승훈 선생을 말함」(1956), 「올바른 사람」(1957) 등이 모두 《거울》에 발표한 작품이다.

배화여자중·고등학교 교사 시절

쌍둥이 탁구선수 위쌍숙·위순자 자매가 졸업한 뒤 얼마 지나지 않아 목일신은 이화여자고등학교를 사직한다. 그리고 1958년 4월 배화여자중·고등학교 국어 교사로 부임한다. 목일신은 배화여자중·고등학교로 자리를 옮긴 후에도 예체능 분야를 넘나들며 왕성하게 활동한다. 배화여자중·고등학교의 정구부 감독을 맡아 우수한 성적을 거두었으며, 문학반 지도 교사로 1960년 제1회 교내 백일장대회를 개최하기도 했다.

목일신이 배화여자중·고등학교에 근무한 기간은 20년이다. 이는 그가 교직에 발을 들여놓은 후 한 학교에서 가장 오래 재직한 것이다. 그런 만큼 배화여자중·고등학교 재직 시 목일신의 행적에 대한 자료들은 비교적 많이 남아있다. 그 가운데 특히 『배화백년사』(배화학원, 1999)에는 목일신에 관한 다양한 정보가 담겨 있어 당시 그의 행적을 살펴보는 데 많은 도움을 준다.

〈목일신이 1958년 작사한「배화 교가」〉

　가령 목일신이 작사한「배화 교가」의 경우 그가 남긴 스크랩북을 통해 이미 그 실체가 확인되었다. 하지만 이들이 언제 발표한 것인지와 관련해서는 구체적인 정보가 없었다. 그런데『배화백년사』에는 "한편, 1958년 9월 30일에는 창립 60주년 기념을 계기로 그동안 불러왔던 교가를 새롭게 개정했다. 8월 6일에 아동문학가 목일신 선생에게 노랫말 개정을 위촉했으며, 김동진 선생이 동양적이면서도 현대적인 곡조로 작곡했다."라는 내용이 나온다. 즉 배화학당 시절인 1924년에 소설가

〈『배화백년사』(배화학원, 1999)〉

이광수가 작사한 교가를 그해 새로 부임한 목일신에게 부탁해 노랫말을 개정했다는 것이다. 이를 통해 그동안 미상으로 남아있었던 「배화교가」를 쓴 정확한 연도를 확인할 수 있었다.

또한 『배화백년사』에는 목일신의 행적과 관련한 의미 있는 두 가지 사건이 기록되어 있다. 그 가운데 하나는 3월 1일 거행된 기념식과 관련한 것이고, 다른 하나는 백일장과 문학의 밤 등 문학 활동과 관련한 것이다.

1960년 3월 1일 오전 9시, 대강당에서 3·1절 41주년 기념식을 엄숙히 거행한 배화는 그 날 오후 5시 30분부터 파고다공원에서 열린 3·1절 기념 햇불 행렬에 참여하여 배화의 민족운동과 독립정신을 기렸다. 이날 행렬에는 고등학교 1, 2학년생 300명과 지도주임 최의영 교사를 비롯하여 이헌구, 안병찬, 이서린, 목일신, 홍은택, 장만수 선생 등이 참여하였다.

10월 3일 오전 10시부터는 전국 어린이 백일장이 배화 교정에서 열렸다. 배화가 "개교 70주년 기념 행사의 하나로 어린이 글짓기 대회를 마련"했고, 소년한국일보사와 소년조선일보사가 후원했다. 전국 89개 초등학교에서 280여 명의 어린이들이 참여하여 성황을 이루었다. 이 행사를 계획하고 추진하는 데는 손홍수(孫弘洙) 교사와 배화여자중·고등학교 학생회 학예부 문학반의 노고가 컸다. 심사위원으로는 박목월 시인, 조병화 선생, 목일신 선생이 수고했다.

첫 번째 글은 1960년 3·1절 41주년 기념식에 관한 것이다. 목일신은 당일 오전 교내 대강당에서 학생들과 기념식을 치르고, 오후엔 "파고다공원에서 열린 3·1절 기념 횃불 행렬에 참여하여 배화의 민족운동과 독립정신을 기렸다"는 내용이다. 아버지 목홍석에 이어 목일신 자신도 일제에 항거하는 만세운동을 벌이다 고초를 당한 경험이 있다. 따라서 해방 후 제자들과 함께 3·1절을 기념하는 횃불 행렬에 동참하는 심정은 특별했을 것으로 생각된다. 두 번째 글은 배화 개교 70주년을 맞아 소년한국일보사와 소년조선일보와 공동으로 주최한 어린이 글짓기 대회에 관한 것이다. 목일신은 이 행사에서 박목월, 조병화 시인과 함께 심사위원으로 참여한다. 이날 글짓기 대회 외에도 배화에서는 매년 '난초 문학의 밤' 행사를 개최하여 유명 문인들을 초청해서 강연회를 열기도 했다. 그런데 그때마다 단골로 초청된 시인이 바로 박목월이다. 이는 목일신이 박목월과 상당한 친분이 있었다는 것을 말해준다.

목일신은 배화여자중·고등학교 재직 시 이화여자고등학교에 근무할 때처럼 기대할 만한 문학적 성과를 내지는 못했다. 1958년 배화여자중·고등학교 교지인 《배화》에 동요「그리운 고향」을 발표하고, 1959년 《전남일보》에 동요「봄비」를 발표한다. 하지만 이들 작품은 이전에 발표했던 작품을 개작하여 재발표한 것으로, 1955년 1월 1일 《동아일보》에「새해가 떴다」를 발표한 뒤로는 더 이상 동요를 창작하지 않는다. 시의 경우는 1964년 1월 《배화》에 발표한「연꽃」단 한 편뿐이다. 반면에 산문과 노랫말은 발표한 숫자가 그 어느 때보다도 많다.

〈교지 《배화》, 1965〉

이 시기에 목일신이 발표한 주요 작품으로는「배화 교가」(1958),「배화 응원가」(1964) 등의 노랫말과「국어강좌 1, 2」(《배화》, 1959),「운동

정신」,《학원》, 1960), 「진선과 위선」,《여원》, 1968), 「해남의 달빛」,《배화》, 1973), 「나의 습작 시대 회고」,《아동문학》, 1974.1) 등이 있다. 이들 가운데 「나의 습작 시대 회고」는 목일신의 문학과 삶을 이해하는 데 있어 그 무엇보다 중요한 자료이다. 하지만 이 작품은 동요 「산시내」와 시 「영춘곡」 등의 발표 연도를 잘못 표기하거나 일부 사실과 다른 내용을 포함하고 있다.

아마도 이는 '회고담'이라는 말에서 보듯이 목일신이 사십 년이 더 지난 과거의 일을 회상하는 과정에서 발생한 기억의 착오에서 비롯된 것으로 보인다. 또한, 「나의 습작 시대 회고」는 같은 해 《배화》(1974.1)에 〈나의 습작 시대 회고담〉이라는 제목으로 발표되었다. 《배화》에 실린 작품의 경우 독자인 학생들을 배려한 탓인지 단어와 내용, 그리고 문장이 「나의 습작 시대 회고」와는 조금 다르다. 하지만 전체적인 내용이나 구조에 있어서는 별반 차이가 없다.

교사 목일신의 면모

목일신은 1943년 순천고등여학교에서 처음 교사 생활을 시작했다. 이후 그는 목포여자중학교와 이화여자고등학교를 거쳐 1978년 2월 배화여자중·고등학교에서 정년퇴직할 때까지 35년간 교직에 있으면서 수천 명의 제자를 길러냈다. 이처럼 목일신은 시인이자, 교육자로서 평생을 살아왔다. 그렇다면 시인이 아니라 교사로서의 목일신은 어떤 사람이었는지, 그에 대한 세간의 평가는 어떠했는지 무척 궁금하다. 그런데 이와 관련하여 남아있는 자료는 많지 않으며 너무 오래 전의 일이라 이에 대해 마땅히 증언해 줄 사람을 찾기도 쉽지 않은 상황이다.

그러나 얼마 전에 진행한 쌍둥이 탁구선수 위쌍숙·위순자 자매의 인터뷰를 비롯해 현재 남아있는 몇몇 자료에는 교사로서 목일신의 면모와 그가 얼마나 제자들을 사랑했는지를 알 수 있는 내용이 담겨 있다. 아래는 그 대표적인 예이다.

목포여중에는 우리나라에서 유명하신 동요 작가 목 선생이 계신다. "여성처럼 차분한 성격에 타고난 친절이 겸하셔서 큰소리 한 번 들은 적이 없다"고 학생들이 수근숙덕 칭찬이 대단하다. 허나, 목포여중에서 나오는 "클로버"라는 아담하고 이쁜 교유 회지에는 목 선생 작품처럼 구슬같이 이쁜 동요들이 소복히 실렸다. (《학생계》, 1954. 6)

『찌르릉 찌르릉 비켜나세요』 等(등) 선생님의 얼굴엔 이런 동요만이 가득 차 있는 듯하다. 공부 시간에 가끔씩 들려주시는 『유모어』는 정말 어디서 구하시는지요? 조용조용한 음성 속에 선생님은 학생들에게 무언의 교훈이 된다고. 원하시는 것은 제발 국문 철자법에 틀림이 없도록. 요즈음은 평균 四(사) 시간 수면에 부족하리만큼 교지에 바쁘시고 손꼽을 만큼 훌륭히 정구, 탁구에 능숙하시다고 인기가 최고로 대단하시다. (《스크랩북》, 발표연도 미상)

첫 번째는 목일신이 목포여자중학교에서 이화여자고등학교로 자리를 옮기기 직전인 1954년《학생계》6월호에 실린 글이다. 제목이 '목일신 선생님'으로 아마도 시인이나 교사를 알리는 꼭지에 발표된 것으로 생각된다. 이 글은 학생들의 말을 빌려 목일신에 대해 "여성처럼 차분한 성격에 타고난 친절이 겸하셔서 큰소리 한 번 들은 적이 없다"라고 적고 있다. 두 번째는 목일신의 스크랩북에 있는 것으로 정확한 발표연도와 지면이 확인되지 않고 있다. 이 글에서는 목일신에 대해 "유모어"가 있고, "조용조용한 음성"을 지녔다고 말한다. 또한 "국문 철자법"에 엄격하고, 수면이 부족할 만큼 "교지"를 만드느라 바쁘고, 손에 꼽을 만큼 "정구, 탁구에 능숙"하여 학생들에게 인기가 대단하다고 설명하고 있다.

> **목일신 선생님**
>
> 여성처럼 고분고분 하신 선생님 수업시간에는 의모에 맞지 않는 웃음보따리라고 유-모어 풍부하신 선생님의 표정에는 흥미가넘친다 언제나 입이 닳게 부르던 노래들을 알고보니 모두가 선생님의 동요다 전국적으로 유명하신 이 동요시인을 모신것은 목여중의 자랑이 아닐 수 없다 따라서 정구와 탁구에도 일류선수이시다 언제나 따뜻한 사랑으로 우리를 충실히 지도하시는 존경하는 스승이시다

> **목일신 선생님**
>
> 목포여중에는 우리 나라에서 유명하신 동요작가 목선생이 계신다. "여성처럼 차분한 성격에 타고난 친절이 겸하셔서 큰소리 한 번 들은 적이 없다"고 학생들이 수근 숙덕 칭찬이 대단하다. 허나, 목포여중에서 나오는 "클로버"라는 아담하고 이쁜 교우회지에는 목선생 작품처럼 구슬같이 이쁜 동요들이 소복히 실렸다.

〈목포여자중학교 재직 시절〉

장녀인 목민정은 실제로 배화여자중학교 교사 시절 학생들 사이에서 아버지의 인기는 정말 대단했다고 말한다. 연말연시가 되면 학생들이 집으로 보낸 크리스마스 카드와 연하장이 수북이 쌓일 정도였다고 한다. 동생과 온 방에 줄을 매달아 카드를 걸고도 남아 크리스마스 트리로 장식할 정도였다고 한다. 또한 학년 초 담임 배정 발표 때에는 목일신이 담임이라고 발표가 난 반은 학생들이 함성을 지르며 발을 구를 정도였으며, 소풍 때에는 아버지와 함께 사진을 찍으려는 학생들이 줄을 서서 기다릴 정도로 학생들에게 인기가 많은 선생님이었다고 한다.

그렇다면 목일신이 35년간 교직에 있으면서 이처럼 학생들에게 인기가 많았던 비결은 무엇일까? 아마도 그와 같은 인기의 배경에는 "우리나라에서 유명하신 동요 작가 목 선생"이나 "찌르릉 찌르릉 비켜나

세요』等(등) 선생님의 얼굴엔 이런 동요만이 가득 차 있는 듯"에서처럼 기본적으로 동요 작가로서의 유명세가 크게 한몫하고 있다. 여기에 평소 성격이 차분하고 친절할 뿐만 아니라, 정구와 탁구에도 뛰어난 실력을 겸비하는 등 다방면에 걸쳐 뛰어난 재능을 소유하고 있는 점도 많은 영향을 준 것으로 보인다.

하지만 목일신이 그토록 학생들에게 인기를 끈 가장 큰 요인은 늘 한결같이 제자들을 사랑으로 보듬고 참된 스승의 모습을 견지했기 때문으로 보인다. 가령 수업에 성실하지 못한 학생들이 있을 때 목일신은 학생을 꾸짖고 벌하는 대신 자신을 탓했다고 한다. 이 모든 것이 학생을 제대로 가르치지 못한 자신의 탓이라며 바지를 걷고 회초리로 자신의 종아리를 때렸을 만큼 진심으로 제자들을 대했을 뿐만 아니라 그들을 존중하는 모습을 보여주었다.

> 아버지는 자녀들 뿐 아니라 학생들을 끔찍하게 사랑하셨습니다. 아버지의 앨범에는 온통 학생들과 수학여행, 소풍에서 찍은 사진들 뿐이었습니다. 그 사진들 뒤에, 아버지는 꼼꼼히 학생들의 이름을 적어 놓으셨습니다. 그 사랑은 아마도 상호적이었던 것 같습니다. 매년 성탄절 무렵이면, 수십 통의 카드가 아버지 이름으로 배달되곤 했습니다. 졸업한 학생들이, 먼 나라로 이민을 가고 나서도 아버지에게 편지를 보내거나 선물을 보내는 경우들도 종종 있었습니다. 어릴 적, 아버지에게 배달된 예쁜 카드들을 구경하고, 그 속에 담긴 아버지에 대한 학생들의 종종 어린 마음을 읽는 것이 큰 기쁨이기도 했습니다.
> 공부를 잘하는 학생이지만 몸이 약하여 체육을 잘 못할 경우, 아버지가 직접

체육 교사에게 그 학생의 사정을 좀 봐주라고 사정하기도 하시고(그래서 혹시 친인척 관계이냐는 오해도 받으시기도 하고), 김자옥(배우)처럼 예쁘고 연기도 잘하는 학생은 학생 잡지의 표지 모델을 하도록 주선하셔서, 그 학생이 자신의 적성을 찾도록 돕기도 하셨죠. 김자옥 씨는 배화여고 시절에 학교에서 연극을 하면 주인공 역할을 맡곤 했다고 합니다. 제가 고3 때(아버지가 돌아가신 다음 해) 국어 교사이시던 제 담임 선생님의 사모님이 학창 시절 배화여고에서 아버지로부터 국어를 배우셨다고 합니다. 어릴 적 제가 옆에서 관찰했던 것처럼, 제 아버지는 학생들의 지극한 사랑을 받는 인기 교사였다는 증언을 들려주셨죠. (차녀 목수정 인터뷰)

이 글은 차녀 목수정이 아버지 목일신의 교사 시절 모습을 회고한 것으로 목일신의 제자 사랑이 얼마나 각별했는지를 잘 보여준다. 수학여행이나 소풍에서 찍은 사진들 뒤에 학생들의 이름을 꼼꼼히 적어 놓기도 하고, 오해를 받으면서도 몸이 불편한 학생을 위해 체육 교사에게 사정을 봐달라고 부탁하고, 오로지 공부만을 강요하지 않고 학생들이 자신의 적성에 맞는 일을 찾도록 돕는 등 목일신은 늘 학생들을 먼저 생각하고 그들 편에서 판단하는 그런 스승이었다.

우리가 공부를 한다는 것은 결국 인격 완성이 궁극적 목적이라 한다면 배우면 배울수록 지식만은 늘어가나 예의와 언행은 점점 더 저하(低下)되어 간다면 이 얼마나 모순된 현상이 아닐는지요. 그런데 여성의 미덕중에서도 가장 으뜸가는 것은 아마 친절과 겸손이라고 하겠으며 그 반면 불친절과 거만은 가장 멸시해야 할 것이라면 그 어느 것을 택해야 하리라는 것은 스스로 자명(自明)

한 일이겠지요. 공손한 인사와 바른 몸가짐과 부드러운 말씨야말로 그 얼마나 그 영성의 품격을 높게 해주는 것일는지요. 그러나 흔히 여성들이 크게 관심을 가지는 것은 무엇보다도 외모를 아름답게 하고 용모를 단장하게 하는 데에 더 많은 정력과 시간을 허비하고 있다는 것은 실로 한심한 일이 아닐 수 없는 것입니다. (「바른 예절」,《배화》, 1970.1)

이 글은 교사 목일신의 가치관을 엿볼 수 있는 귀중한 자료로 제목 그대로 예절의 중요성을 이야기하고 있다. 목일신은 이 글에서 공부의 궁극적 목적은 인격의 완성에 있다는 점을 강조하고, "외모를 아름답게 하고 용모를 단장하게 하는 데에 더 많은 정력과 시간을 허비"하기보다는 "공손한 인사와 바른 몸가짐과 부드러운 말씨" 등이 곧 영성(靈性)의 품격을 높여주는 것이라고 말한다. 이는 목일신이 교사 생활을 하면서 평소 어떤 마음과 자세로 학생들을 지도했는지를 짐작할 수 있게 해준다.

목일신은 1978년 배화여자중·고등학교에서 정년으로 퇴직할 때까지 아무런 보직 없이 평교사로만 지냈다. 교장이나 교감 등의 직책보다는 오히려 학생들과 더 자주 만날 수 있는 길을 선택했다. 목일신은 부천에 있는 집에서 직장인 종로구 필운동 배화여자중·고등학교까지 20년간 출·퇴근을 했는데, 집에서 학교까지의 거리가 너무 멀어 이틀에 한 번씩 학교에서 숙직했다. 그러던 어느 날 밤 학교에서 숙직하다 청와대 뒷산을 넘어 침투한 무장 공비 김신조 일당과 교전하는 총소리를 듣고 놀라 잠에서 깨기도 했다. 그러면서도 목일신은 단 한 번도 힘든 내색을 보이지 않았을 만큼 학생들과 함께 지내는 것을 좋아했고 학생

〈이화여자고등학교와 배화여자중·고등학교 재직 시절〉

들을 가르치는 것을 천직으로 여겼다.

> 교원 생활이란 문자 그대로 괴롭고 힘든 일이거니와, 수많은 제자(졸업생)들 중에서 크게 성공을 하였을 때, 혹은 말썽 많던 학생이 착하고 올바른 학생으로 바뀌어 질 때나 또는 상급학교에 우수한 성적으로 합격이 되었을 때에 느껴지는 그 쾌감이야말로 또한 교원 생활에서만이 느낄 수 있는 커다란 승리감이며 기쁨이 아닐 수 없는 것이다. (「첫째 예의 바르게」, 《배화》, 1959.6)

이 글은 목일신이 1959년 배화여자중·고등학교에 재직 시 교지인 《배화》에 발표한 것이다. 그는 이 글에서 교사 생활에 대해 괴롭고 힘든 일이지만 반면에 커다란 승리감과 기쁨을 느낄 수 있는 일이라고 말한다. 1961년 《배화》에 발표한 「한마음 한뜻-교편생활 18년의 회고」에서는 학생들에게 새해를 맞아 좀 더 착하고, 겸손하고, 예의 바른 학생이 되자며 "내 자신도 학생들과 함께 그렇게 되어 보려고 새로운 결심과 노력을 아끼지 않"겠다고 다짐한다. 이처럼 목일신은 뛰어난 재능을 지닌 시인이었을 뿐만 아니라 교사로서도 인품이나 실력 면에서도 충분히 존경받을 만한 교육자였다.

한글 사랑과 만능 체육인

목일신의 한글 사랑은 남달랐다. 이는 35년간 교사로 재직하면서 학생들을 국어와 작문 과목을 가르친 것과도 어느 정도 관련이 있지만, 그보다는 어린 시절 우리 말과 글의 중요성을 일깨워 준 아버지 목홍석의 영향이 크게 작용했을 것으로 생각된다. "원하시는 것은 제발 국문 철자법에 틀림이 없도록"과 같은 학생들의 진술에서 보듯이 목일신은 무척 다정하고 따뜻한 선생님이었지만 한글 철자법에 관해서는 엄격한 편이었다.

목일신이 교직에 있으면서 특히 '한글'과 관련한 글을 많이 발표했다. 실제로 그가 남긴 산문 가운데 상당수가 말과 글의 중요성에 관한 것이다. 「바른 글을 쓰자 1, 2」(1955), 「오늘은 한글날-509주년을 맞이하여」(1955), 「바른말·바른글 1, 2」(1959), 「오늘은 한글날-513주년을 맞이하여」(1959), 「고운 말을 쓰자」(1966) 등이 바로 그것이다. 이 외에도 목일신은 이화여자고등학교에 재직 중이던 1956년 학원사에서 발행한 대학진학 수험지인 《향학》에 「틀리기 쉬운 낱말」을 연재하기도 했다.

〈대학진학수험지《향학》, 학원사, 1956〉

목일신은 아버지 목홍석이 그랬듯이 자녀들이 어릴 때부터 말과 글의 소중함을 깨우칠 수 있도록 가르쳤다. 텔레비전을 보다 방송에 나오는 사람들이 발음을 실수하면 그걸 바로 고쳐 자녀들에게 알려주기도 하고, 세 자녀에게 국어사전을 하나씩 나누어준 다음 누가 먼저 단어를 찾는지 게임을 해서 자연스럽게 단어를 찾는 방법을 익히도록 훈련시켰다. 차녀 목수정은 아버지 목일신과의 어릴 적 추억을 떠올리며 "아버지와의 삶은 일상이 국어 수업"이었으며, "아버지에게 국어 교사라는 직업은 하늘이 내려준 옷처럼 너무나도 잘 맞는 옷이었다."라고 말한다.

또한 목일신은 만능 체육인으로도 유명했다. 전주 신흥학교 재학 중 《어린이》(1929)에 발표한 「규칙적 생활」에서 그는 방학이 되면 "먼저 아츰에는 꼭 일즉이 니러나서 세수를 한 후에 소년단의 조긔

(早起) 운동회에"가겠다고 말한다. 이어서 "운동을 맛치고 집에 도라오면 조곰 쉬인 후에 반드시 독서를 하다가 아츰을 먹고 약 한 시간 후에 운동장에 가서 「테늬쓰」를 하던지 혹은 내ㅅ가에 가서 고긔를" 잡겠다고 이야기한다. 이는 목일신이 어린 시절부터 운동을 좋아했으며 당시에 이미 테니스나 탁구 같은 서양 스포츠를 즐기고 있었다는 것을 알려준다.

이처럼 목일신이 일찍이 서양 스포츠를 접할 수 있었던 것은 아버지가 기독교 목회자였기 때문으로 보인다. 당시 선교사들은 선교를 목적으로 교회 안에 작은 학교를 만들어 아이들에게 서양의 학문과 더불어 테니스와 탁구 같은 스포츠 종목을 가르쳤다. 또한 고흥어린이수양단에서의 활동도 목일신이 서양 스포츠를 접하는 데 큰 영향을 주었을 것이다. 일제강점기 소년운동의 하나로 조직된 고흥어린이수양단은 아이들의 몸과 마음을 길러주기 위해 다양한 교육과 체육행사를 운영했는데, 그 가운데 대표적인 것이 바로 동아일보와 손을 잡고 개최한 '고흥정구대회'이다. 목일신이 다재다능한 체육인으로 성장할 수 있었던 데에는 그와 같은 환경이 큰 역할을 했을 것으로 생각된다.

〈고흥정구대회 기사, 《조선일보》, 1925.7.15〉

〈정구대회 우승 사진, 1975〉

목일신은 목포여자중학교 시절 탁구부 감독으로 위쌍숙·위순자 선수를 발굴하고 지도하여 세계적인 선수로 길러냈을 뿐만 아니라 실제 선수로도 활동하며 많은 성과를 거두기도 하였다. 학생 시절에는 정구 선수로 활약했으며 교사로 재직하면서도 각종 정구대회에 참가해 여러 차례 우승을 차지했다. 목포여자중학교에 재직할 당시 목포에서 열린 경보대회에 참가하여 우승하기도 했다. 특히 탁구와 테니스를 잘해 학교에서는 물론 집에서도 주위 사람들과 자주 이들 운동을 즐겼다.

유가족의 증언에 따르면 목일신은 직접 운동하는 것을 좋아했지만 관람하는 것도 무척 좋아했다고 한다. 그래서 권투 경기가 있는 주말이면 다른 식구들은 보고 싶은 텔레비전 프로그램이 있어도 깨끗이 포기해야 할 정도였다고 한다. 그와 같이 권투나 레슬링 같은 격투기에 열광하는 모습에 식구들은 일요일 동네 신꼭대기에 있는 교회에 가면서도 혹시 개미를 밟을까 싶어 땅을 보며 조심조심 발을 내딛던 아버지가 맞는지 지금도 그저 의아할 뿐이라고 말한다.

> 참된 운동 정신이란 무엇이겠습니까? 운동 경기에 있어서 이기거나 지거나 끝까지 종종당당히 싸우며 끝까지 자기의 최선을 다하는 것이겠지요. 이것을 이른바 「스포-츠맨 쉽」이라고 하는데 여기에 미국 스포-츠맨 회에서 제정한 운동정신을 보면 1. 항상 규칙을 지킨다. 2. 잘 자제(自制)한다. 3. 동료에 대하여 배신(背信) 행위를 하지 않는다. 4. 모든 용의(用意)를 게을리하지 않는다. 5. 져도 마구 분해하지 않는다. 6. 이겼을 때도 교만하지 않는다. 7. 늘 마음과 몸을 건전하게 가진다. 8. 정당하게 승패를 가린다. 9. 부정한 행위를 하지 않는다. 이것은 비단 운동선수만이 가질 정신이 아니라 우리 누구나 다 일상생활에 있어서 이러한 정신을 가지고 실천하여야만 하겠습니다. (「참된 운동 정신」, 《학원》, 1963. 3)

이 글은 목일신이 1963년 《학원》 3월호에 발표한 것이다. 그는 이 글에서 미국 스포츠협회에서 제정한 아홉 가지 운동 정신을 소개하며, 그것이 "비단 운동선수만이 가질 정신이 아니라 우리 누구나 다 일상생활에 있어서 이러한 정신을 가지고 실천"할 필요가 있다고 말한다. 그런데 흥미로운 것은 이 글에서 소개하는 참된 운동 정신이 목일신의 삶과 상당히 부합한다는 점이다.

실제로 목일신은 「청렴」(《자유문학》, 1960), 「예의와 겸양」(《배화》, 1967), 「바른 예절」(《배화》, 1970), 「참된 선행과 위선」(《배화》, 1971) 등에서 보듯이 평소 학생들은 물론 자녀들에게도 '예절'과 '겸손'을 무척 강조하였으며 그 무엇보다 위선적인 행위를 하는 것을 극도로 싫어했다. 또한 본인도 교사로서 부모로서 늘 부끄럽지 않은 삶을 살기 위해 부단히 노력했다. 그런 점에서 목일신은 다재다능한 체육인이자 진정한 스포츠 정신의 소유자였다는 생각이 든다.

남다른 가족 사랑

목일신의 동요에는 유독 가족과 관련한 작품이 많다. 「나의 동생」(1929), 「우리 아버지」(1929), 「그리운 언니」(1930), 「글 읽는 누나」(1930), 「우리 오빠」(1930), 「잠자는 아기」(1930), 「어머님」(1930), 「우리 아기」(1934), 「우리 애기」(1935) 등에서 보듯이 제목에 가족과 관련한 이름이 들어간 작품만 해도 10여 편이나 된다. 이는 가족에 관한 목일신의 애정과 관심이 그만큼 깊고 특별했다는 것을 말해준다.

아마도 이는 당시 목일신이 처한 환경과 무관해 보이지 않는다. 즉 아버지 목홍석의 갑작스러운 죽음과 타지에서의 유학 생활이 창작에 많은 영향을 주었을 것으로 보인다. 실제로 이들 작품은 모두 아버지 목홍석이 사망한 이후에 발표되었다. 초기의 발표한 작품은 「우리 아버지」처럼 돌아가신 아버지를 그리워하거나, 「개고리 우는 밤」(1930)처럼 누나와의 추억을 노래거나, 「고향의 한울」(1930)처럼 고향에 있는 어머니와 어린 동생들을 걱정하는 내용이 많다.

하지만 1930년 중반에 발표한 작품은 성격이 다르다. 즉 "우리애기/이쁜애기/엄마보고/웃는다/젓, 꼭지를/만지면서/방끗 웃는다"(「우리 애기」, 1935), "아가 말소린 은구슬/엄마 말소린 금구슬//마듸마듸 아름다운/구슬이어라/방울방울 우슴띄운/구슬이여라"(「은구슬 금구슬」, 1935)에서 보는 것처럼 작품에 아기가 등장하는 경우가 많고 분위기도 대체로 밝고 따뜻하다. 이들 작품은 목일신이 적게는 여덟 살 많게는 열다섯 살 차이가 나는 자신의 어린 동생들을 소재로 창작한 것이다.

이처럼 목일신의 가족 사랑은 남달랐다. 특히 목일신은 보성읍교회의 영신학교 교사 시절 사비를 들여 하모니카 수십 개를 구입해 아이들에게 연주법을 가르쳐 주었을 만큼 아이들을 무척 좋아하고 사랑했다. 그리고 그와 같은 가족 사랑은 결혼 후에도 이어져 주말이면 자녀들과 집에 놀러 온 동네 아이들을 함께 모아놓고 재미있는 이야기를 들려주기도 했다.

목일신은 청진방송국에 근무하던 1941년 5월 조영옥과 결혼했지만 둘 사이에는 자식이 없었다. 이후 목일신은 조영옥이 사망한 뒤 1968년 정경자와 혼인하여 1남 2녀를 두었다. 장녀 목민정과 차녀 목수정, 그리고 막내인 아들 목진영은 모두 두 살 터울로 그의 나이 오십이 넘어 얻은 귀한 자식이었다. 장녀인 목민정이 태어났을 당시 목일신이 재직하고 있던 배화여자중·고등학교의 전수진 교장이 아기 반지를 선물로 증정하며 축하해 주었다고 한다. 그만큼 목일신에게 이들의 존재는 매우 특별했을 것임은 어렵지 않게 짐작할 수 있다.

〈가족사진〉

목일신 본인은 정작 낡은 구두를 10년 넘게 직접 수선해서 신고, 같은 코트를 10년 넘게 입으면서도, 당시로서는 드물게 마당에 4인용 그네를 설치하고 피아노 구입하여 개인지도를 받게 하는 등 자녀들에 대한 사랑이 남달랐다. 아버지 목홍석이 그랬던 것처럼 《소년중앙》, 《새소년》, 《어깨동무》, 《새벗》과 같은 어린이 잡지를 주기적으로 빌려다 주고, 학기 초에는 달력을 뜯어 세 자녀의 교과서 커버를 만들어주는 등 한없이 자상하고 따뜻한 아버지였다.

하루가 다르게 쑥쑥 자라던 두 살 터울 아이 셋을 키우시며, 우리가 새 신을 사야 할 때면 아버지는 도화지에 우리 발을 대고 크레파스로 발을 그리셨다. 그리곤 그걸 들고서 학교에서 돌아오시는 길에 영등포 시장에 가서 신발을 사오곤 하셨다. 신발을 살 때마다 벌어지는 이 세리모니는 아버지가 우리와 함께 나누었던 추억들 가운데 가장 재미있는 순간으로, 영롱한 빛의 등불처럼 머릿속에 남아있다.

그땐 몰랐지만, 돌이켜 보면 우린 세상에 흔히 찾아보기 힘든 좋은 아버지를 둔 호강을 누렸다. 그러나 우리를 위해 그리하셨다기보다는 그것이 아버지가 즐거운 일이기 때문에 그리하셨다. 아버진 언제나 즐거운 일들을 찾아내시고, 그 일에 열렬히 몰두하셨다. 단 한 순간도 무료해 하시거나 피곤해 하지 않으셨고, 인생을 어떤 식으로든 낭비하지 않으셨다. 남을 위해 자신을 희생하지도 않았고, 세상이 부러워하는 그 어떤 출세를 위해 하기 싫은 타협을 하신 적도 없으셨다.

주말이면 좋아하시는 테니스, 탁구를 땀 흘려가며 지치도록 열심히 치시고 우승 트로피를 받아오셨고, 마시기 싫은 술, 피기 싫은 담배를 '사회생활'이라는 명목으로 억지로 흉내내지 않으셨다. 양복 입은 남자가 비린내 나는 생선, 파, 마늘을 들고 퇴근하는 일이 흔치 않은 풍경이었지만, 엄마가 장 보는 수고를 덜어주기 위해 아버지는 기꺼이 그 일을 자청하셨다. 남들 시선 따위는 아랑곳하지 않으셨다. (목수정, 「나의 아버지를 그리며」, 『목일신 전집』, 소명출판, 2013)

그런데 목일신의 가족 사랑은 비단 자녀들에게만 국한한 것은 아니었다. 아내에 대한 사랑과 배려도 그에 못지않았다. 위의 글은 차녀 목수정이 아버지 목일신을 회고하며 쓴 것이다. 그는 이 글에서 목일신에 대해 평생 동시를 쓰는 시인의 소박한 정서를 지니고 살았으며 가족이나 이웃들과 정을 나누는 일을 큰 기쁨으로 여겼다고 말한다. 아내가 장 보는 수고를 덜어주기 위해 퇴근길 시장에 들러 자녀들의 신발이나 찬거리를 사서 들고 집에 오기도 했다고 증언하고 있다. 지금이야 흔히 볼 수 있지만 당시로서는 "양복 입은 남자가 비린내 나는 생선, 파, 마늘을 들고 퇴근하는 일"은 사실 그리 흔치 않은 풍경이었다. 차녀 목수정의 말처럼 "남들 시선 따위는 아랑곳하지" 않아야만 가능했던 일이었다. 이는 목일신이 얼마나 가정적인 사람이었는지를 잘 보여준다.

고흥군민의 노래와 노래비 건립

목일신에게 있어 1975년은 상당히 의미가 있다. 그는 고흥 군청으로부터 의뢰를 받아 「고흥군민의 노래」를 작사한다. 그동안 동요, 민요, 유행가, 교가, 응원가, 군가 등 다양한 장르의 노랫말을 지었지만 자신이 태어나고 자란 고향의 군민가(郡民歌)를 쓰는 것은 그 어떤 노래와도 비교할 수 없을 만큼 감격스럽고 보람 있는 일이었을 것이다. "팔영산 높은 봉에 정기를 받은 수려한 이 고장은 우리의 낙원"으로 시작되는 「고흥군민의 노래」는 김재민이 작곡했는데, 발표한 지 50년이 다 된 지금도 여전히 고흥을 대표하는 노래로 불리고 있다.

또한 1977년 목일신은 이번에는 모교인 고흥동국민학교로부터 또 한 번 기쁜 소식을 전해 듣는다. 그것은 모교 교정에 그의 대표작 중 하나인 「누가 누가 잠자나」의 노래비가 세워진다는 소식이었다. 「자전거」와 함께 국민학교 음악 교과서에 실려 이미 많은 사람에게 사랑받는 것만도 충분히 고마운 일인데, 이처럼 모교에 노래비까지 세워진다니 시인으로서는 그것만큼 기쁜 일은 없을 것이다. 더욱이 이 노래비는 모교의 선후배와 고향 유지들이 십시일반 모은 성금으로 세워졌다는 점에

〈「고흥군민의 노래」, 1975〉

서 목일신에게는 그의 인생에서 가장 벅차고 행복한 순간이 아니었을까 싶다.

   목일신이 남긴 앨범과 스크랩북에는 당시 고흥동국민학교에서 보낸 초청문과 노래비 제막식 행사 사진이 남아있다. 이는 졸업 50년 만에 모교 후배들이 모두 모인 자리에서 거행된 이 행사가 얼마나 중요한 사건이었는지를 말해준다. 그런데 노래비가 건립되었을 당시 사진을 보면 위치가 지금과는 다르다. 당시에는 노래비가 학교 건물 앞 화단에 있었는데 지금은 그 반대편 정문 근처 담장 앞으로 옮겨놓았다. 이는 2011년 개교 100주년을 맞아 새로 노래비를 건립하면서 장소를 옮긴 것으로 보인다.

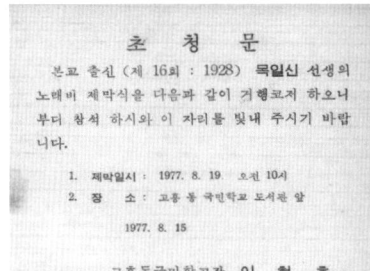

〈노래비 제막식 초청문과 제막식 행사〉

〈노래비 제막식 신문 기사, 《동아일보》, 1977.9.8〉

노래비는 장방형의 기초석 위에 커다란 원형의 돌을 올려놓은 형태이다. 앞면은 「누가 누가 잠자나」의 노랫말을 새긴 동판이 붙어있다. 그리고 뒷면에는 목일신의 간단한 약력과 업적, 그리고 노래비를 건립한 까닭을 동판에 새겨 붙여놓았다. 지금은 시간이 많이 흐르고 관리가 안된 탓에 동판에 녹이 슬고 글자가 부식되어 내용을 알아보기가 힘들다. 다음은 노래비 뒷면에 새겨진 글의 내용이다.

동요작가 목일신(睦一信) 선생님은 1913년 고흥군 고흥면 서문리에서 아버지 목홍석(睦宖錫) 씨와 어머니 신애은(申愛恩) 여사 간의 장남으로 태어나서 1928년 3월에 고흥 공립 보통학교(현 고흥동국민학교)를 제18회로 졸업하신 자랑스런 우리의 선배이시다.

선생님의 뛰어난 글 재주는 이미 국민학교 5학년(1927) 때 동요 「산시내」를 동아일보에 실리게 됨으로써 널리 세상에 알려졌으며 그 후 1933년까지 「자전거」(1927년) 「누가 누가 잠자나」(1928년) 「참새」(1929년) 「시골」(1930년) 「물레방아」(1931년) 들 약 400편의 동요와 많은 민요를 지으셨을 뿐 아니라 1945년 해방 후로는 「해병대의 노래」 「대한의 노래」 들의 국민가요를 지으셔서 온 국민의 마음을 크게 떨쳐주셨다.

이들 구슬 같은 작품들은 1956년에 「비누방울」이 국민학교 교과서에 「자전거」 「아롱다롱 나비야」 「산비둘기」 「참새」 「시냇물」 「물결은 출렁출렁」 들이 음악 교과서에 택함을 받아 짜 넣게 되었다.

1975년에는 「고흥군민의 노래」를 지으셔서 우리가 즐겨 불러서 고흥 군민됨의 자랑을 찾게도 해주셨다. 선생님의 남다른 재주를 기리고 어린이를 사랑하는 귀한 뜻을 높이 찬양하면서 뒤따라오는 새싹들이 곧게 바르고 마음 풍성히 기름지게 자라기를 바라는 마음으로 이 노래비를 세운다.

1975년 8월 15일
제25회 동창 신정식 짓고
김원경 씀

사촌 동생인 목원삼은 고흥동국민학교 노래비 제막식 행사에서 목일신을 만났는데 당시 목일신은 동요 「자전거」가 음악 교과서 실리면서 처음 발표했을 때와 노랫말이 많이 달라졌다고 말해주었다고 한다. 목원삼은 목일신의 막내 작은아버지인 목황석의 아들로 현재 고흥읍 서문리에 거주하고 있다. 그는 유일하게 생존해 있는 사촌 형제로 목일신과는 서른 살이 넘게 차이가 나서 어릴 적 목일신의 행적에 관해 직접 경험한 것은 없다. 하지만 출생 및 거주지 등 목일신과 관련한 내용을 가장 많이 알고 있는 사람 가운데 하나이다.

목원삼은 목일신 생전에 부천에 있는 집을 찾아간 적이 있었다고 한다. 당시 그가 기억하는 목일신은 조용하고 점잖았으며, 무척 검소하고 욕심이 없어 그야말로 선비와도 같은 모습이었다고 한다. 이와 같은 목원삼의 증언은 제자나 가족이 기억하는 것과 별반 다르지 않다. 이는 평소 운동을 좋아하고 즐기던 목일신의 모습과는 어울리지 않는다. 실제로 「고흥군민의 노래」, 「자전거」, 「누가 누가 잠자나」, 「배화 응원가」, 「해병대의 노래」 등 주로 밝고 활기찬 노래를 지은 시인이 맞나 의심스러울 정도이다.

시인의 죽음

　목일신은 모교인 고흥동국민학교에 노래비가 건립되고 나서 얼마 뒤인 1978년 2월 재직했던 배화여자중·고등학교에서 정년퇴직한다. 1958년 4월 이화여자고등학교에서 부임해 온 지 꼭 20년이 되던 해이다.

　이후 목일신은 교직 생활로 인해 그동안 하지 못했던 다양한 사회활동을 전개한다. 배화여자중·고등학교에서 정년퇴직하던 그해 3월 자신이 살고 있던 부천시 범박동 주민들의 애향심을 고취하기 위해 「범박동가」를 작사한다. 그리고 대한노인회의 추천을 받아 'YMCA 노인대학', '연희경로대학' 등 10여 곳의 노인대학에 강사로 출강하고 신학원의 강사로 활동하기도 한다. 1982년에는 장녀 목민정과 차녀 목수정이 재학 중인 오류여자중학교(현 경인중학교) 교장의 부탁으로 「졸업가」를 작사한다. 이 노래는 차녀 목수정의 담임인 김용복이 곡을 붙였으며 그해 말부터 기존의 「졸업가」 대신 불리게 된다. 또한 한국아동문학가협회 부회장과 한국음악저작권협회 이사를 역임하는 등 그 어느 때보다 바쁘게 생활한다.

〈배화여자중·고등학교 정년퇴직, 1978〉

그 가운데 목일신이 퇴직 후 정성과 노력을 가장 많이 들여서 한 일은 아버지 목홍석이 독립유공자로 추서되도록 하는 것이었다. 그때까지만 해도 아버지 목홍석이 독립운동했다는 것은 그저 가족들만 공유하던 내용이었다. 목일신은 더 늦기 전에 아버지 목홍석의 명예를 되찾아주기 위해 직접 전국을 다니며 자료를 찾아다녔다. 그리고 마침내 독립운동과 관련한 판결문을 찾고는 너무나도 감격스러워 그만 눈물을 흘렸다고 한다. 하지만 안타깝게도 보훈처의 서류심사가 늦어지는 바람에 결국 목일신은 생전에 그토록 바라던 아버지 목홍석이 독립유공자가 되는 것을 보지는 못한다.

목일신은 평소 술과 담배를 전혀 하지 않았다. 그래서 동료나 친구들과 술자리를 갖는 일이 거의 없었다. 대신에 신문을 보면서 관심이 있는 내용을 스크랩하거나 테니스 등의 운동을 하면서 시간을 보냈다. 목일신은 종종 자녀들에게 아동문학가 박경종이 아버지의 제일 좋은 친구라고 말했다는 것으로 보아 문단과는 어느 정도 거리를 두고 있었으면서도 그와는 비교적 자주 교류했던 것 같다.

박경종(朴京鍾, 1916~2006)은 함경남도 홍원 출신으로, 동흥중학교(東興中學校)에 재학 중이던 1933년 《조선중앙일보》 신춘문예에 동요 「왜가리」가 당선되었다. 그는 중학교 졸업 후 홍원군청에 근무하면서 《아이생활》을 중심으로 작품활동을 했으며 1940년 《동아일보》 신춘문예에 동요 「둥굴다」가 입선되기도 했다. 해방 후에는 홍원에서 교사로 활동하다가 한국 전쟁 중인 1951년 월남하여 많은 동요와 동화 등을 창작하였다. 대표작으로는 동요 「초록 바다」 등이 있다. (이재철, 『세계아동문학사전』, 앞의 책)

박경종의 약력을 보면 한국문인협회 아동문학분과회장, 한국아동문학가협회 회장, 한국음악저작권협회 부회장을 역임한 것으로 나와 있다. 그런데 이는 목일신이 한국아동문학가협회 부회장과 한국음악저작권협회 이사를 역임한 경력과 공통점이 많다. 비록 나이는 목일신이 박경종보다 세 살 더 많다. 하지만 1930년대 비슷한 시기에 등단하고, 두 사람 모두 비슷한 시기에 한국아동문학가협회와 한국음악저작권협회에서 활동했다는 점에서 그처럼 좋은 관계를 유지하지 않았을까 생각된다.

또한 목일신은 국립소록도병원 제7대 병원장을 지낸 매형 강대헌과도 친분이 두터웠다. 강대헌이 목일신보다 한참 연상이었지만 둘은 친구처럼, 때로는 선후배처럼 서로 존경하고 의지하며 자주 대화를 나누는 사이였다. 강대헌은 목일신보다 일 년 전에 먼저 세상을 떠났는데 목일신은 매형 강대헌의 죽음에 충격을 받아 건강이 급속히 나빠졌다고 한다. 가족들은 지금도 목일신의 사망이 매형인 강대헌의 죽음과 깊은 관련이 있다고 생각하고 있다.

목일신은 신장 기능에 이상이 생겨 가을 하늘이 유난히 맑고 높았던 1986년 10월 12일 새벽 1시 부천시 범박동 신앙촌 자택에서 타계한다. 그의 나이 일흔세 살이 되던 해이다. 평소 테니스와 탁구 등을 통해 꾸준히 건강을 관리해 왔고, 그 이전까지 특별히 아팠던 적이 없었기에 가족들은 그 누구도 그와 같은 일이 닥칠 줄은 전혀 생각하지 못했을 것이다. 하지만 목일신이 몸에 이상을 느끼고 병원을 찾았을 땐 이미 손을 쓸 수 없는 상황이었다.

생각해 보면, 이토록 독립적이고 또 자유로운 인생이 있을까 싶다. 갑자기 신장 기능에 이상이 생기면서 예기치 않게 급작스런 죽음을 맞이하시기 전까지 아프신 적도 없었다. 우리가 중학생, 고등학생일 때 아버지는 그렇게 갑자기 떠나셨다. 당신의 아버지가 십대의 자녀들을 남겨두고 떠나신 것처럼, 그러나 우린 아버지가 남겨주신 영혼의 황금의 깃털을 지니고 있었기에 세상을 향한 자부심을 잃지 않으면서 지금까지 살아올 수 있었다. (목수정, 「나의 아버지를 그리며」, 앞의 책)

이 글은 차녀 목수정이 아버지 목일신이 임종하던 당시의 상황을 기록한 것이다. 당시 목일신은 고3, 고2, 중3인 세 자녀와 아내, 그리고 여동생 목옥순이 지켜보는 가운데 자택에서 조용히 숨을 거두었다. 갑작스러운 그의 죽음은 가족은 물론 그를 아는 사람들에게는 대단히 큰 충격이었다. 당시 《동아일보》와 《경향신문》은 전 국민의 애창곡인 「자전거」와 「누가 누가 잠자나」 등을 쓴 아동문학가 목일신의 부고 기사를 실어 그의 죽음을 함께 슬퍼했다.

은성(隱星) 즉 '숨은 별'이라는 호처럼 목일신은 평생을 세상과 어느 정도 거리를 두고 살았다. 평생을 시인으로, 항일운동가로, 교사로 성공적인 삶을 살았으면서도 그는 좀처럼 자신을 드러내지 않았다. 그리고 남을 위해 억지로 자신을 희생하지도 않았고, 출세하기 위해 세상과 타협하는 일도 없었다. 또한 어떤 식으로든 인생을 낭비하지 않으려고 노력했고, 말과 행동이 일치하는 삶을 살기 위해 부단히 노력했다.

그러면서도 목일신은 새벽에 신문을 배달하는 소년을 기다렸다가 껌

〈목일신 묘소〉

한 통을 내어줄 만큼 주변 사람들과 정을 나누는 일을 큰 기쁨으로 여기며 살았다. 지하철이나 시장 바닥에서 물건을 파는 사람이 있으면 그냥 지나치지 못하고 꼭 사서 가지고 왔을 만큼 여린 마음의 소유자였다. 이에 대해 차녀 목수정은 "아버지의 이런 태도는 일제강점기 때 개척교회를 하시면서 늘 가난한 사람들을 집에 데리고 오셔서 든든하게 먹이는 할아버지의 모습을 보고 자라셨기 때문이 아닌가 싶다."라고 말한다.

실제로 목일신이 살아온 행적을 보면 아버지 목홍석과 무척 닮았다. 일제의 폭압에 굴복하지 않고 싸우다 투옥된 일이며, 그 어렵고 힘들었던 시기에 교육을 통해 애국의 길을 모색한 일이며, 가난하고 힘없는 사람들을 보면 그냥 지나치지 못하는 일이며, 정말로 비슷한 점이 참 많다. 늘 버릇처럼 "아버지와 같은 삶을 살고 싶지만, 지금의 나는 한참이나 모자라고 부족하다."라고 되뇌었던 목일신. 그의 삶을 가만히 돌이켜보면 자식은 부모의 등을 보고 자란다는 말이 떠오른다.

현재 목일신은 경기도 시흥시 장곡동에 있는 군자공동묘지에 잠들어 있다. 장례를 치를 당시 목일신의 묘 바로 아래에는 작고 얕은 아기 묘가 하나 있었는데, 이를 보고 사람들은 평생 아이들을 사랑하고 아이들을 위한 노래들 짓더니 그 마지막이 절묘하다고 한마디씩 거들었다고 한다. 유가족에 따르면 매년 산소에 가보면 목일신의 묘는 언제나 손댈 데 없이 깔끔하고 단정한 모습이어서 벌초를 하느라 크게 애를 쓴 적이 없다고 한다. 실제로 늦가을 햇볕을 따라 찾아간 목일신의 묘는 참으로 소박하면서도 정갈하다는 느낌을 받았다. 빛바랜 사진 속 그의 젊은 날의 모습처럼.

목일신 문학에 대한 평가

　목일신은 흔히 '동요의 황금기'라고 불리는 1930년대에 주로 활동했던 시인이다. 그는 1928년 《아이생활》에 처음으로 작품을 발표하였고 1930년 《조선일보》와 《동아일보》 신춘현상문예에 당선되면서 본격적으로 작품활동을 시작하였다. 이후 대표작인 「자전거」를 비롯해 「누가누가 잠자나」, 「자장가」, 「비눗방울」, 「아롱다롱 나비야」 등 많은 동요를 발표하여 널리 사랑받았다. 그 외에도 유행가와 민요, 교가와 군가 등 여러 분야에서 많은 작품을 남겼다.

　목일신은 생전에 여러 지면을 통해 약 400편의 작품을 썼다고 밝힌 바 있다. 당시 발행된 신문과 잡지가 많이 소실된 탓에 실제로 발표된 작품이 얼마인지 정확히 알 수는 없다. 현재까지 확인된 작품만도 동요 226편, 산문 72편, 시와 가사 47편으로 총 345편이나 된다. 이는 중복으로 발표된 작품을 제외한 것으로 2013년 발간된 《목일신 전집》에 수록된 것보다 46편이 더 늘어난 것이다. 향후 연구 결과에 따라 실제 발표된 작품 수가 더 늘어날 가능성이 있다.

〈목일신의 작품이 발표된 잡지들, 국회도서관〉

 더욱이 이들 작품 대부분 1930년대에 발표된 것이다. 즉 1940년 일제의 한글 말살 정책으로 창작활동을 중단하기 전에 쓴 것으로 불과 10년이라는 짧은 기간에 일군 성과라는 점에서 그저 놀라울 뿐이다. 그런데도 지금까지 진행된 목일신 문학에 관한 연구는 상당히 부실한 편이다. 2010년 이후 형편이 나아지긴 했지만 그 이전까지만 해도 제대로 된 연구는 찾아보기 힘들다. 물론 이재철, 신현득, 이상현, 석용원, 유경환 등이 집필한 아동문학 연구서에 목일신의 이름이 빠지지 않고 등장한다. 하지만 내용을 보면 하나같이 단평으로 일관하고 있으며 보다 심층적인 접근은 이루어지지 못했다.

<목일신이 발표한 연도별 작품 수>

연도	동요	산문	시와 가사	합계	연도	동요	산문	시와 가사	합계
1928	4	4		8	1956		4	1	5
1929	21	13		34	1957	1	2		3
1930	69		1	70	1958		6	1	7
1931	8	2	2	12	1959	1	5		6
1932	4			4	1960		2		2
1933	7	2		9	1961		1		1
1934	16		5	21	1962				
1935	35	1	1	37	1963		1		1
1936	10	1	2	13	1964			2	2
1937	12	1	3	16	1965				
1938	3		2	5	1966		1		1
1939	4	1	2	7	1967		1		1
1940	2			2	1968		2		2
1941	2	4		6	1969				
1942	1	2		3	1970		2		2
1943		1		1	1971		1		1
1944				1	1972				
1945			1	1	1973		1		1
1946			1	1	1974		1		1
1947			1	1	1975			1	1

1948					1976				
1949					1977				
1950					1978			1	1
1951			4	4	1979				
1952	2			2	1980				
1953					1981				
1954	2			2	1982			1	1
1955	3	3	2	8	미상	20	9	11	40
						226	72	47	345

一九三〇(1930)년 朝鮮·東亞(조선·동아)의 신춘문예에서 두 작품이 당선한 睦一信(목일신) 역시 어린이들에게 널리 알려진 〈자전거〉·〈누가 누가 잠자나〉·〈비누방울〉·〈물레방아〉 등 좋은 동요를 발표, 아동문학이 『童謠文學(동요문학)』을 母胎(모태)로 하고 있음을 그대로 입증케 하고 있다.

한마디로 一九三〇(1930)년대의 兒童文學(아동문학)은 곧 童謠(동요)의 文學時代(문학시대)이며 이 三〇(30)년대의 동요는 어떤 의미에서는 韓國兒童文學史(한국아동문학사)에서 다시 만나기 어려운 童謠(동요)의 르네상스를 이루었다. (이상현, 『한국아동문학론』, 동화출판공사, 1976)

1930년 2回(회)에 걸친 東亞(동아)·朝鮮(조선) 兩紙(양지)의 當選作家(당선작가)로 상당한 촉망을 받으면서 문단에 첫발을 들여놓은 이래, 睦一信(목일신, 1914~)은 한결같은 작품 활동을 보여 多産(다산)의 童謠詩人(동요시인)임을 보여 주었다.

그의 작품 중에서는 「누가 누가 잠자나?」, 「자전거」 등, 노래로서도 널리 流

布(유포)된 것이 그의 대표작이다. 이들 작품들은 모두가 해방 전의 것이 대부분이고, 근래에 와서는 그렇게 두드러진 활동은 하지 않고 있다.

그의 작품은 일관된 특색을 찾기 어려우나 굳이 이야기한다면, 작품의 底邊(저변)을 흐르고 있는 로만的(적)인 요소와 쉬이 발견되는 명랑·쾌활한 분위기를 지적할 수 있을 것이다. (이재철, 『한국현대아동문학사』, 일지사, 1978)

睦一信(목일신, 1914~1986))은 1930년 조선일보·동아일보 두 신문의 신춘문예에 당선되면서 문단에 나와, 주로 《아이생활》지를 통해 작품을 발표하였다.

「느진 봄」(1930), 「어린 별」(1931), 「고향 하늘」(1931), 「봄비」(1932) 등은 7·5조를 중심한 음률로 자연과 그리움 등을 동심으로 읊은 것이었으며, 「누가 누가 잠자나」(1931), 「자전거」(1931)는 작곡요로서 널리 알려진 작품이 되었다. 이후 주로 작곡을 위한 동요를 많이 썼다.

(신현득, 『한국동시사연구』, 단국대학교 대학원 박사학위논문, 2001)

첫 번째 글은 이상현이 목일신에 대해 평가한 것이다. 그는 1930년대는 "童謠(동요)의 文學時代(문학시대)"이며, "睦一信(목일신) 역시 어린이들에게 널리 알려진 〈자전거〉·〈누가 누가 잠자나〉·〈비누방울〉·〈물레방아〉 등 좋은 동요를 발표"했다고 말하고 있다. 두 번째 글은 목일신에 대한 이재철의 평가로 그는 목일신을 "상당한 촉망을 받으면서 문단에 첫발을 들여놓은 이래" 한결같은 작품 활동을 보여주는 "多産(다산)의 童謠詩人(동요시인)"이라 소개하고 있다. 세 번째 글은 신현득이 『한국동시사연구』에서 목일신의 문학에 관해 이야기한 것이다. 그는 목일신이 주로 "작곡을 위한 동요를 많이 썼"으며, 다작이긴 하나 "작품 수에 비해 작품성이 두드러지지 못"했다고 말한다.

> 오늘날과 같은 상황의 詩的(시적) 體重(체중)으로 當代(당대)의 작품을 비교 또는 규명할 수는 없다. 왜냐하면 當代(당대)의 작품은 當代的(당대적) 상황성 또는 當代(당대)의 문학적 의미론에서 그 가치가 규명되어야 하고 그 當代的(당대적) 가치는 최대한 존중할 수 있어야 하기 때문이다. 이것은 문학의 역사적 서술의 기본 정신이며 방법이기 때문이다. (이상현, 『한국아동문학론』, 동화출판공사, 1976)

그런데 신현득의 그와 같은 평가에는 다소 문제가 있다. 왜냐하면 이상현의 지적처럼 "當代(당대)의 작품은 當代的(당대적) 상황성 또는 當代(당대)의 문학적 의미론에서 그 가치가 규명되어야 하고 그 當代的(당대적) 가치는 최대한 존중"해야 하기 때문이다. 그런데도 "작곡을 위한 동요"를 많이 썼다는 지적에서 보듯이 신현득의 평가는 지나치게 '시적(詩的)' 요소에 중점을 두고 있다. 물론 「나의 습작 시대 회고」에서 목일신이 밝힌 것처럼 "너무 발표욕에만 흐르지 말고 단 한 편을 써도 좀 더 신중히 정성을 기울여서 썼더라면" 하는 아쉬움이 있는 것은 사실이다. 하지만 목일신이 주로 활동했던 1930년대는 오늘날과 달리 동요가 주류였을 뿐만 아니라, 신춘문예 5관왕에서 알 수 있듯이 동시대에 활동했던 시인들에 비해 작품 수준이 떨어지는 것도 아니었다.

三五年에 活動한 作家를 봄

　　三五년에 조선아동문학을 위하야 활동한 분들은 어드런 분들인가 알어보기로 합시다.

　　동요방면에는

　　윤석중(尹石重), 목일신(睦一信), 박영종(朴永鍾), 김성도(金聖道) 《스크랩북》, 발표연도·발표지 미상)

　　다음은 조선의 아동문학 연구에는 어떠한 선생님들이 계신가 알아보기로 합니다.

　　1. 童謠詩人(동요시인)

　　한정동(韓晶東), 윤석중(尹石重), 윤복진(尹福鎭), 김태오(金泰午), 목일신(睦一信) 《스크랩북》, 발표연도·발표지 미상)

　　이들은 목일신이 남긴 스크랩북에 있는 자료로 목일신이 활동할 당시 그의 문학적 위상이 어느 정도였는지를 알게 해준다. 위의 글은 1935년에 활동한 주요 동요시인들을 소개하는 내용인데 목일신은 윤석중, 박영종, 김성도와 이름을 나란히 하고 있다. 1935년은 목일신이 1930년 다음으로 왕성하게 활동을 했던 때로 그해에만 총 34편의 동요를 발표했다. 아래의 글은 조선의 아동문학가를 소개하는 내용이다. 위에서와 마찬가지로 목일신은 여기에서도 조선을 대표하는 동요시인으로 한정동(韓晶東), 윤석중(尹石重), 윤복진(尹福鎭), 김태오(金泰午) 등과 어깨를 나란히 하고 있다. 그 외에도 1938년에 발행된 『아

〈목일신 동요가 실린 '아동문학선집'〉

기네 동산』을 비롯해『아동문학전집』(1938),『현대한국아동문학선집』(1955) 등 많은 동요선집에 그의 이름이 빠지지 않고 등장할 만큼 널리 인정받고 있다.

그런데도 목일신의 문학에 관한 연구가 미진했던 원인은 크게 두 가지를 들 수 있다. 하나는 유경환이 잘 지적한 것처럼 목일신이 1940년 이후로는 작품활동을 하지 않았다는 점이다. 사실 한국의 아동문학연구는 1970년대에 들어와 본격적으로 이루어졌는데 당시는 목일신이 작품활동을 중단한 때로부터 무려 30년이 지난 시점이었다. 따라서 아동문학계에서 그의 존재감은 상대적으로 아주 미약했고 그런 만큼 제대로 된 연구가 이루어지지 못한 면이 있다.

1914년에 전남 고흥에서 난 睦一信(목일신)의 동요는 신춘문예로 출발한 것이다.

1930년에도 東亞日報(동아일보)에 '참새'가, 그리고 같은 해에 朝鮮日報(조선일보)에 '시골'이 각각 당선된 이래, 계속 6, 7년간은 활발한 동요발표를 해 왔었다.

31년도에 '물레방아'가 조선일보, '자전거'가 〈아이생활〉잡지에, '누가 누가 잠자나?'는 〈新家庭(신가정)〉誌에 발표된 것으로, 이 작품들은 아직껏 많이 어린이들에게 애창되고 있다.

李在徹(이재철)씨가 조사한 바에 따르면, '은구슬 금구슬'은 35년도에 新家庭(신가정)〉에, '산비둘기'는 동아일보에 37년도에, '비누방울' 역시 동아일보에 발표되었다.

그러다 그가 일본 關西大學(관서대학)에 진학해서 1943년부터 교직생활로 들어간 다음부터는, 그 왕성하던 작품활동을 뚜렷하지 못하게 되었다.

계속 地方(지방, 목포 등지)에 머물러 있는 탓이겠지만, 그 이후 발표된 많은 作品(작품)이 새 지면(잡지, 신문) 등에 나타나지 아니한 것은, 참으로 안타까운 일이 아닐 수 없다.

이제 새로 나온 아동문학인들이 과연 睦一信(목일신)씨를 얼마나 알고 있는가 하는 것이 그 단적인 예가 될 수 있다. 작가는 반드시 활동으로서만 그 생명이 유지될 수 있는 것이다. (유경환, 『한국현대동시론』, 배영사, 1979)

다른 하나는 목일신이 동요 외에도 많은 유행가와 민요를 창작했다는 점이다. 지금은 많이 바뀌었지만 불과 얼마 전까지만 해도 순수문학만을 고집하는 순혈주의가 문학계 전체를 지배했다. 즉 유행가와 민요 등에 강한 거부감을 가지고 있었고 그와 같은 작품을 창작하는 시인을 높이 평가하지 않는 분위기였다.

하지만 문학 연구에서 그러한 접근방법은 다소 문제가 있다. 물론 현재의 관점에서 작가 혹은 작품을 분석하고 평가하는 것도 필요하지만, 마치 그것을 절대적인 것으로 간주하여 과거의 활동이나 작품을 무조건 배척하는 일도 바람직한 것은 아니다. 목일신이 활동했던 1930년대에 유행가는 시, 소설, 동요, 동화 등과 함께 주요 신문사에서 주최하는 신춘문예의 한 분야로 엄연히 인정받았고, 실제로 1930년대 유행가를 쓴 사람 중에는 이광수·이은상·김동환·주요한·김억 등 당대의 유명한 시인이 많았다. 따라서 단순히 유행가와 민요 등의 노랫말을 많이 썼다는 이유로 문학적 가치나 수준을 깎아내리는 것은 선뜻 동의하기가 어렵다.

2011년 이정석이 처음으로 학계에 연구 논문을 발표한 이후 지금까지 목일신 문학에 관한 연구는 상당히 진척되었다. 학회에 정식으로 보고된 학술논문만도 5편에 달하고 목일신의 작품 전체를 조망할 수 있는 전집도 나와 있다. 그러나 여전히 해결해야 할 숙제가 많다. 목일신이 활동을 했던 당시 작품을 발표했던 신문이나 잡지들이 많이 소실되어 정확한 서지정보를 확인하기가 쉽지 않고, 발표된 작품 이외에 목일신의 삶과 관련한 자료가 거의 남아있지 않아 그의 삶과 문학을 온전히 파악하는 데 어려움이 있다.

- 이정석, 「찌르릉! 목일신 동요 연구」, 『한국아동문학연구』, 한국아동문학학회, 2011.
- 황수대, 「목일신 동시 연구」, 『한국아동문학연구』 제23호, 한국아동문학학

회, 2012.
- 이동순, 「자전거를 타고 오는 사람, 동요작가 목일신」, 《문학들》 제30호, 심미안, 2012.
- 황수대, 「1930년대 동시 연구 – 목일신·강소천·박목월을 중심으로」, 고려대학교 대학원 박사학위논문, 2013.
- 이동순 엮음, 『목일신 전집』, 소명출판, 2013.
- 이동순 엮음, 『목일신 동요곡집』, 소명출판, 2013.
- 이동순, 「동요작가 목일신의 문학적 생애」, 《한국문학이론과 비평》 제58집, 한국문학이론과 비평학회, 2013.
- 정다운, 「목일신 동시의 혁명적 이미지 고찰」, 《語文論叢》 제26호, 전남대학교 한국어문학연구소, 2014.
- 이정석, 「1930년대 대표 동요시인 목일신의 문학 특성」, 《兒童文學評論》 2014년 봄호, 아동문학평론사, 2014.
- 장정희 엮음, 『목일신·김일로 동시선집』, 지식을만드는지식, 2015.
- 문선아, 「일제 강점기 시대의 한국 창작 동요에 관한 고찰: 목일신을 중심으로」, 《동양예술》 제43호, 한국동양예술학회, 2019.
- 이동순, 「목일신 작품 서지오류와 발굴작품 의미연구 – 잡지 『아이생활』을 중심으로」, 《어문논집》 제93집, 2023.

이들은 2010년 이후 진행된 목일신 문학 연구에 대한 주요 성과물이다. 앞서 언급한 것처럼 목일신은 동요 외에도 시, 유행가, 민요 등 많은 작품을 남겼음에도 이들 연구는 모두 동요에 초점이 맞추어져 있다. 아마도 이는 목일신 문학의 출발이 동요이고, 무엇보다 동요에서 좋은

성과를 냈기 때문일 것이다. 하지만 향후 동요 이외의 작품에 관해서도 연구가 필요해 보인다. 이는 목일신 문학의 성격과 의의를 온전히 밝히는 데 크게 도움이 될 것으로 생각한다.

제2부

목일신을 기리는 사람들

목일신을 기리는 사람들 1
– 목일신문화재단

　목일신문화재단은 아동문학이자, 독립운동가이며, 교육자인 은성 목일신 선생의 문학정신을 기리고 이를 계승하고자 설립한 단체이다. 본래 목일신문화재단은 2018년 사단법인 '따르릉목일신문화사업회'(초대 임원: 이사장 양재수, 목민정, 고경숙, 장경순, 신미자, 감사 김은영)로 출발하였다. 이후 목일신 선생의 삶과 문학정신을 널리 알리기 위한 문화 컨텐츠 개발과 보급 등 점차 사업의 규모가 확대되면서 2022년에 명칭 및 사업 주체를 목일신문화재단으로 변경하였다.

　목일신문화재단(임원: 이사장 양재수, 목민정, 고경숙, 임석헌, 김은희, 감사 김민수)을 설립한 양재수 이사장은 본격적으로 문화재단이 출범한 만큼 앞으로도 계속해서 소명을 가지고 목일신 선생의 문학정신을 계승 및 발전시키기 위해 노력하겠다고 밝혔다. 그와 더불어 다양한 문화사업을 통해 아동문학의 발전과 확산, 어린이와 청소년의 문화예술적 정서 함양, 올바른 역사의식을 가진 건전한 시민 육성 등 사회 일반의 이익에 공여하겠다고 말했다.

〈사단법인 따르릉목일신문화사업회 창립총회, 목일신문화재단〉

현재 목일신문화재단은 '목일신따르릉예술제', '목일신아동문학상', '목일신동시전집발간', '목일신캠프백일장', '목일신문학심포지엄', '목일신평전발간' 등의 행사를 운영하고 있다. 또한 다양한 지역문화 컨텐츠를 개발하고 보급하기 위해 꾸준히 노력하고 있다. 그 결과 목일신문화재단은 2023년 경기도 독서문화진흥 유공 기관으로 선정되어 경기도지사 표창을 받았다.

1. 목일신따르릉예술제

따르릉문화예술제는 목일신 타계 30주기인 2016년에 '따르릉문화예술제'란 이름으로 처음 시작되었다가 2023년 7회부터 '목일신따르릉예술제'로 명칭이 변경되었다. 목일신 선생의 작품을 다양한 형태로 접할 수 있는 온·오프라인 예술제로 지역주민은 물론 문화예술을 사랑하는 사람들에게 공연 관람의 기회를 제공하고 있다.

〈목일신따르릉예술제, 목일신문화재단〉

2. 목일신아동문학상

　목일신 선생의 문학정신을 계승할 작가를 발굴하고 아동문학의 발전 및 활성화를 위하여 제정한 문학상이다. 매년 동시, 동화 각 부문에서 당선작을 선정하여 각 상금 일천만 원과 책 출간의 기회를 부여하고 있다.

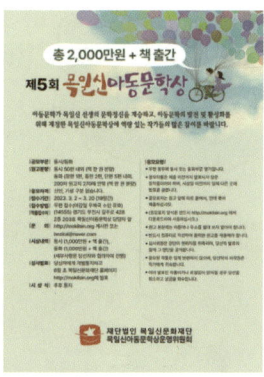

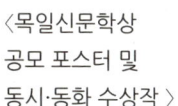
〈목일신문학상 공모 포스터 및 동시·동화 수상작〉

〈목일신문학상 동시·동화 수상작〉

연도	동시 부문 당선작	동화 부문 당선작
1회(2019)	문근영, 『연못유치원』	* 1회에는 동화를 공모하지 않았음
2회(2020)	당선작 없음	신소영, 『고래 그림일기』
3회(2021)	추수진, 『책 알레르기』	김주원, 『두근두근 첫 비밀친구』
4회(2022)	장서후, 『독립만세』	이민숙, 『소녀, 조선을 달리다』
5회(2023)	문성해, 『달걀귀신』	이영미, 『나의 오랑우탄 엄마』

〈목일신아동문학상 시상식, 목일신문화재단〉

〈목일신아동문학상 운영위원회〉
· 위원장: 고경숙
· 운영위원: 서안나, 정순옥, 문근영
· 당연직 운영위원: 이사장 양재수, 유족대표 목민정

3. 목일신동시전집

목일신문화재단에서는 2021년 목일신 탄생 108주년을 맞아 목일신 동시 전집 『산시내』(문학수첩)를 발간했다. 이 책에는 목일신 선생의 동요 가운데 엄선된 작품 160편이 수록되어 있다. 동시 전집에 들어있는 삽화는 목일신 선생의 외손녀로 파리 엘렌 부셰 고등학교에 재학 중인 칼리 양과 목일신 선생의 이름을 따서 설립한 일신중학교 출신으로 소명여자고등학교에 재학 중인 김지원 양이 그렸다.

〈목일신 동시 전집 『산시내』〉

4. 목일신캠프백일장

목일신캠프백일장은 목일신 탄생 110주년을 맞이하여 2023년 8월 5일 처음으로 실시되었다. 목일신 선생의 문학정신을 계승하고 문학적 소양을 지닌 '소년 목일신'을 발굴·육성하기 위해 만들었다. 이번 행사는 초등학생 및 해당 연령대의 어린이를 대상으로 온라인 공모를 통해 1차 예선을 치르고, 본선은 부천시립 별빛마루도서관에서 현장 백일장으로 치러졌다. 제1회 목일신캠프백일장에서는 고양시 향동초등학교 4학년 정유준 학생과 부천 동곡초등학교 2학년 모수현 학생이 영예의 대상인 '소년목일신상'을 수상했다.

〈제1회 목일신캠프백일장
포스터 및 시상식, 목일신문화재단〉

5. 목일신문학심포지엄

항일운동가이며 '자전거'로 전 국민의 사랑을 받는 목일신 선생의 400여편에 달하는 문학작품에 관한 조명 작업이 부족한 상태이다. 목일신문화재단에서는 목일신 탄생 110주년을 맞이하여 목일신 선생의 문학정신을 계승하고 발전시키기 위해 학술 심포지엄을 개최한다. 이를 통해 목일신 선생에 관한 학술적 연구를 축적하고, 목일신 선생의 문학세계 선양 및 한국문학의 지평을 넓히고자 한다.

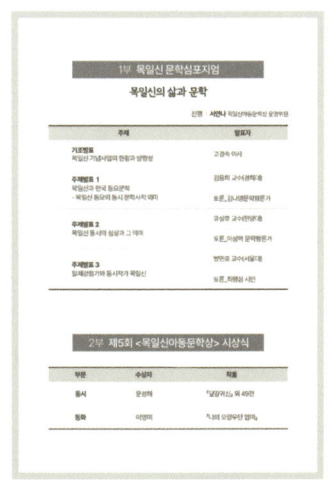

〈목일신 문학심포지엄〉

목일신 탄생 110주년 '목일신문학심포지엄'은 2023년 12월 16일 오후 1시 부천 롯데백화점 문화홀에서 개최한다. 이날 행사에는 목일신아동문학상 운영위원회 고경숙 위원장이 기조 발표를 하고 김용희 교수,

유성호 교수, 방민호 교수가 발표자로 참석하며 이성혁 문학평론가, 최형심 시인, 김나영 문학평론가 토론자로 참석하여 목일신 선생의 동요문학의 특성과 문학사적 의미를 집중 조명한다. 사회는 서안나 목일신 아동문학상 운영위원이 맡아 진행한다.

목일신을 기리는 사람들 2
– 부천시

    경기도 부천은 목일신 선생이 가장 오랫동안 거주했던 곳이다. 독실한 기독교 집안에서 태어난 목일신 선생은 배화여자중·고등학교에 재직 중이던 1960년 기독교 교리에 따르는 삶을 살기 위해 부천시 범박동 일대에 설립된 신앙촌으로 이주하였다. 이후 목일신 선생은 1986년 생을 마감할 때까지 26년을 이곳에서 지내며, 주민들의 애향심을 고취하기 위해 「범박동가」와 「제1·2·3 신앙촌 송가」 등의 노랫말을 지었다.
    부천시에서는 오래전부터 지역 출신 작가를 널리 알리기 위해 노력해 왔다. 그 가운데 특히 동요시인 목일신 선생의 업적을 부천의 문화적 자산으로 축적하고, 이를 널리 알리기 위해 다양하게 방법으로 사업을 추진해 왔다. 현재 부천에는 목일신 선생의 '노래비'를 비롯해 '자전거 조형물', '목일신 공원', '목일신 문학체험터' 등이 조성되었으며 목일신 선생의 이름을 딴 '학교'와 '도로' 그리고 '다리' 등이 있다.

1. 노래비

〈동요 「자전거」 노래비〉

경기 부천시 원미구 중동에 있는 '중앙공원'은 근린 1호 공원으로 접근성과 주변 경관이 좋아 많은 사람이 찾는 장소이다. 이곳에는 큰 연못과 분수, 그리고 부천 출신 문인들의 시비가 자리하고 있다. 시인인 변영로와 황명의 노래비와 함께 목일신 선생의 대표작인 「자전거」의 동

〈동요 「누가 누가 잠자나」 노래비〉

요비가 세워져 있다. 부천시비건립위원회에서는 2000년 어린이를 위한 동요 작사에 크게 공헌한 목일신을 기리기 위해 목일신 선생이 살았던 범박동 즉 지금의 범박힐스테이트 아파트 내에 동요 「누가 누가 잠자나」의 노래비를 건립하였다.

2. 목일신공원

⟨목일신 공원, 목일신문화재단⟩

　목일신공원은 부천시 괴안동에 자리하고 있다. 부천시는 2018년 목일신 선생을 기념하기 위해 '괴안근린공원'을 '목일신공원'으로 명칭을 변경하고, 공원 출입구에 목일신 선생의 초상 부조조형물을 비롯하여 자전거를 탄 소년 조형물과 목일신 선생의 일대기를 기록한 안내판 등을 설치하였다. 또한 목일신 선생의 차녀인 목수정 작가가 쓴 「나의 아버지를 그리며」와 동요 「아롱다롱 나비야」 등 다양한 작품이 전시되어 있다.

3. 목일신 문학체험터

2020년 7월 개관한 부천시립 별빛마루도서관 1층에는 '목일신 문학체험터' 공간이 마련되어 있다. '목일신 문학체험터'에는 목일신 선생의 간단한 약력과 함께 주요 작품들을 소개하고 있으며, 매주 수요일과 목요일 아이들을 위한 견학 프로그램을 운영한다. 목일신 선생의 대표작인 「자전거」를 주제로 한 '찌르릉 자전거 마을', 음악과 미술 활동을 연계한 '통통 소리마을', '시그림 창작마을' 등 아이들이 보고 즐길 수 있는 프로그램이 많다.

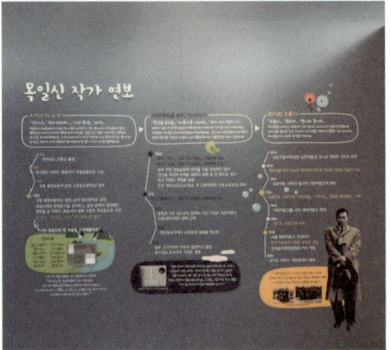

〈목일신 문학체험터〉

4. 기타

부천시에서는 지역 출신 작가 목일신 선생의 문학적 업적을 기리기 위해 '학교', '도로', '다리' 등의 이름을 지을 때 그의 이름과 호를 따서 붙였다. 심곡동 시민의 강에 있는 '목일신교', 부천시 소사본동 290-1에서 계수삼거리까지 이어지는 왕복 8차선의 '은성로', 2003년 개교한 범박동의 '일신초등학교'와 '일신중학교'가 바로 그것이다.

〈심곡천 '목일신교'〉

〈'은성로'〉

〈일신초등학교와 일신중학교〉

부천시는 도로명을 지을 때 목일신의 이름을 사용하려고 했으나, 유가족이 생전 조용히 살기를 원하는 목일신 선생의 유지를 받들어 반대하는 바람에 '일신로'가 아닌 호를 따서 '은성로'로 붙였다. 그 외에도 범박동 동남사거리에는 목일신 선생의 대표작인 「자전거」 조형물이 설치되어 있다.

〈괴안동 동남사거리 「자전거」 조형물, 부천시청〉

목일신을 기리는 사람들 3
- 고흥군

전라남도 고흥군에서는 고흥이 낳은 뛰어난 동요 시인이자 항일 독립운동가인 목일신 선생의 업적을 기리고 이를 널리 알리기 위해 매년 '목일신 동요제', '동시대회', '목일신 동요교실' 등 다양한 문화행사 및 프로그램을 개최·운영하고 있다. 또한, 군민의 자긍심을 높이기 위해 『목일신 동시집』과 『목일신 전집』, 『목일신 동요곡집』을 발간하여 배포하고 고흥군 일대에 '노래비'와 '목일신 문화예술거리'를 조성하였다.

1. 노래비

목일신 선생의 모교인 고흥동초등학교 교정에는 두 개의 노래비가 있다. 하나는 1977년 지역 유지들이 십시일반 성금을 모아 세운 노래비이고, 다른 하나는 2011년 고흥동초등학교 개교 100주년을 기념해

〈동요「누가 누가 잠자나?」노래비〉

〈동요「자전거」노래비〉

서 세운 노래비이다. 당시 고흥동초등학교에서는 목일신 선생에게 자랑스러운 동문상을 수여하기도 했다. 이들 노래비에는 목일신 선생의 대표작 가운데 하나인 동요「누가 누가 잠자나」가 새겨져 있다.

고흥종합문화회관에는 목일신 선생의 대표작인 동요「자전거」노래비가 있다. 2009년에 세운 이 노래비는 자전거를 타고 동심의 꿈으로

향하는 미래지향적인 의미를 부여하여 제작했다고 한다. 노래비에는 목일신 선생의 약력과 작품에 대한 설명을 새겼으며, 꽃과 나비로 동심을 표현하고 있다. 노래비 받침대에는 달과 별이 새겨져 있는데 이는 우주 도시인 고흥을 상징하는 것이라고 한다.

2. 목일신동요제와 동시대회

고흥군에서는 '목일신 동요제'와 '동시대회'를 운영하고 있다. 목일신 동요제는 2010년 처음 시작되어 코로나19가 발생하기 전까지 매년 개최하였다. 참가자들은 예선과 결선 두 차례의 경연을 통해 입상자가 가려지는데, 보통 예선에 130개 정도의 팀이 참가할 만큼 전국 최고의 동요제로 자리를 잡았다. 제1회부터 4회까지는 '목일신 동요제'만 운영되었다가 제5회부터는 '동시대회'를 추가하여 함께 진행하고 있다.

〈목일신 동요제, 고흥군청〉

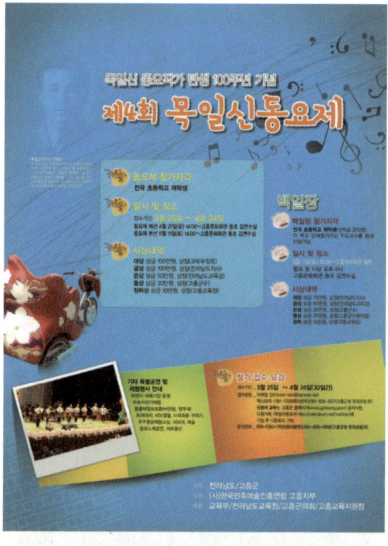

〈목일신 동요제·동시대회 포스터와 사진, 고흥군청〉

3. 목일신 문화예술거리

　목일신 문화예술거리는 고흥군이 2019년 전라남도 문화관광재단에서 주관하는 "예술路 남도路 문화예술특구 기반조성 사업" 공모에 지원하여 사업 대상지로 최종 선정되어 조성되었다. 고흥군은 동요시인 목일신 선생의 업적을 재조명하는 한편 지역 문화예술자원을 특화함으

〈목일신문화예술거리〉

로써 지역경제 활성화의 동력이 될 수 있도록 사업비 1억 4천만 원을 투입하여 목일신문화예술거리를 만들었다. 고흥동초등학교 후문에서부터 구 군청까지 총 400m 구간에 목일신 선생의 작품과 조형물, 벽화 등이 설치되어 있다.

4. 목일신 전집 및 동시집

고흥군에서는 목일신 선생의 동요를 널리 알리기 위해 '목일신 동시집'을 출간하여 배포해 왔다. 목일신 탄생 100주년을 맞아 광주전남의

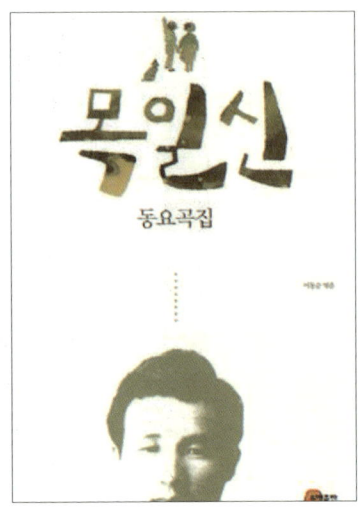

⟨목일신 작품집, 고흥군청⟩

문학사 복원 사업의 하나로 『목일신 전집』과 『목일신 동요곡집』을 발간했다.

『목일신 전집』은 총 3부로 구성되었는데 1부는 동요와 동시, 2부는 시와 노랫말, 3부는 산문으로 꾸몄다. 부록에는 목일신 선생의 작품과 생애 연보가 실려있다. 『목일신 동요곡집』은 목일신 선생의 동요에 윤이상을 비롯해 당대 최고의 작곡가들이 곡을 붙인 악보집을 모은 것으로 26명의 작곡가가 참여해 만든 동요곡 78편이 수록되어 있다. 『목일신 전집』과 『목일신 동요곡집』은 모두 조선대학교 이동순 교수가 엮었으며 2013년 소명출판에서 출간되었다.

◆목일신 활동 자료◆

〈목일신 시인 청년 시절 사진들〉

〈가족사진〉

〈목포여자중학교 교사 시절〉

〈이화여자고등학교 교사 시절〉

〈배화여자중·고등학교 교사 시절〉

〈동료 문인 강소천·전택부와 함께〉

〈문학의 밤을 마치고, 박목월과 함께〉

〈백일장 심사를 마치고, 윤석중과 함께〉

〈육필 원고〉

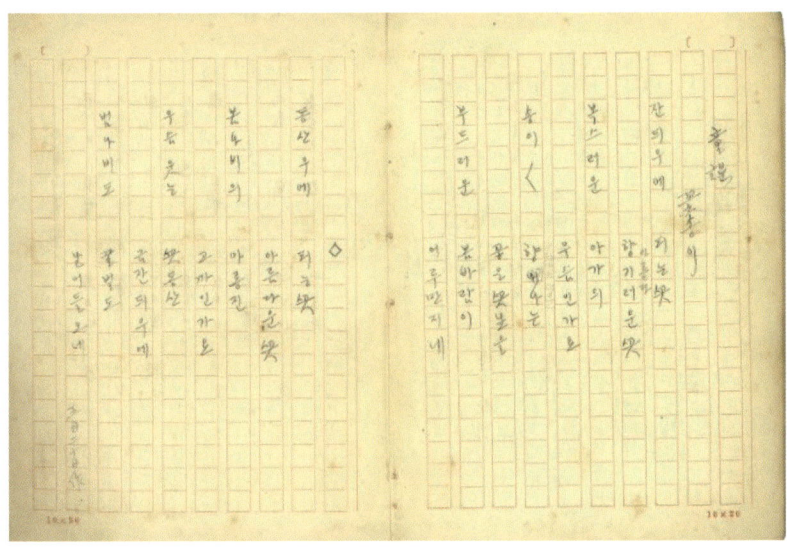

〈동요「꽃송이」육필 원고〉

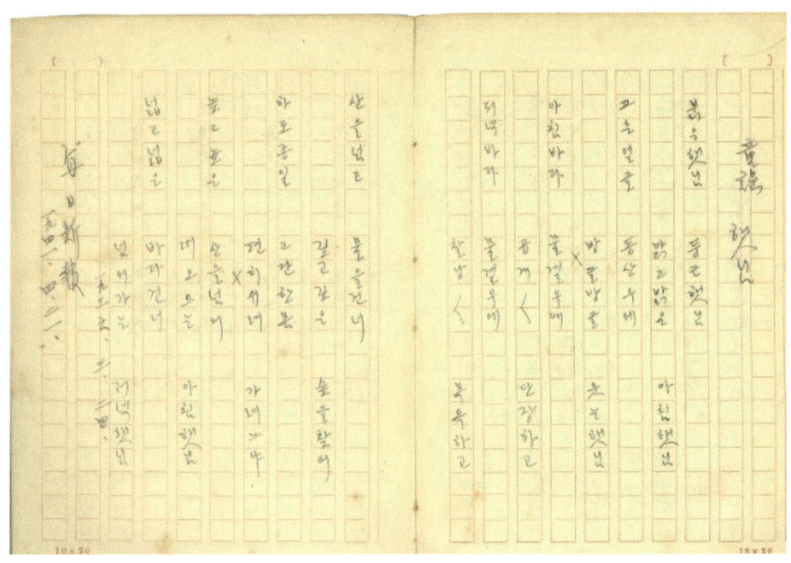

〈동요「햇님」육필 원고〉

〈육필 악보들〉

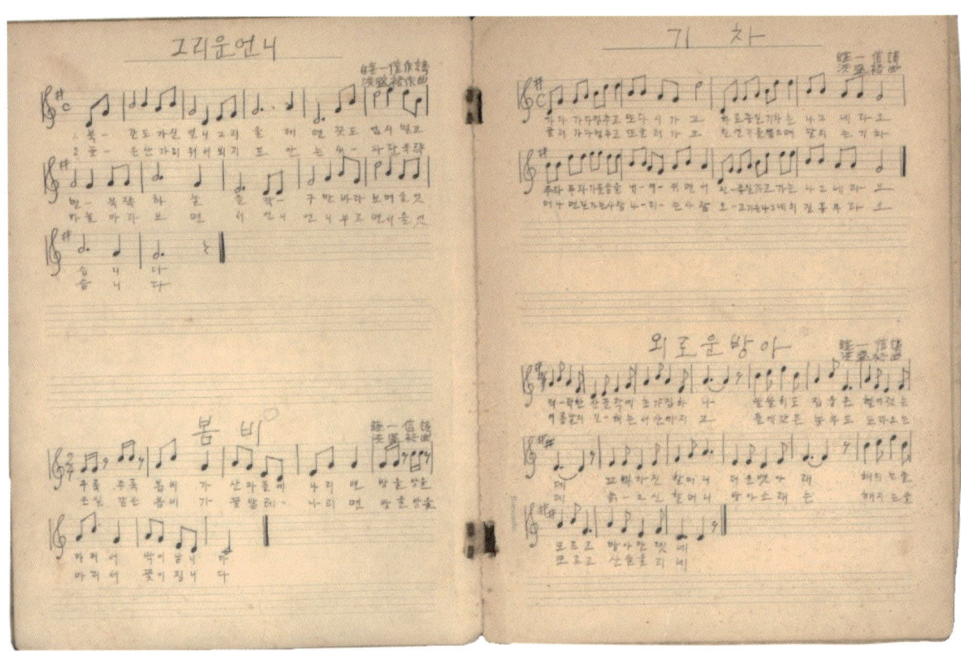

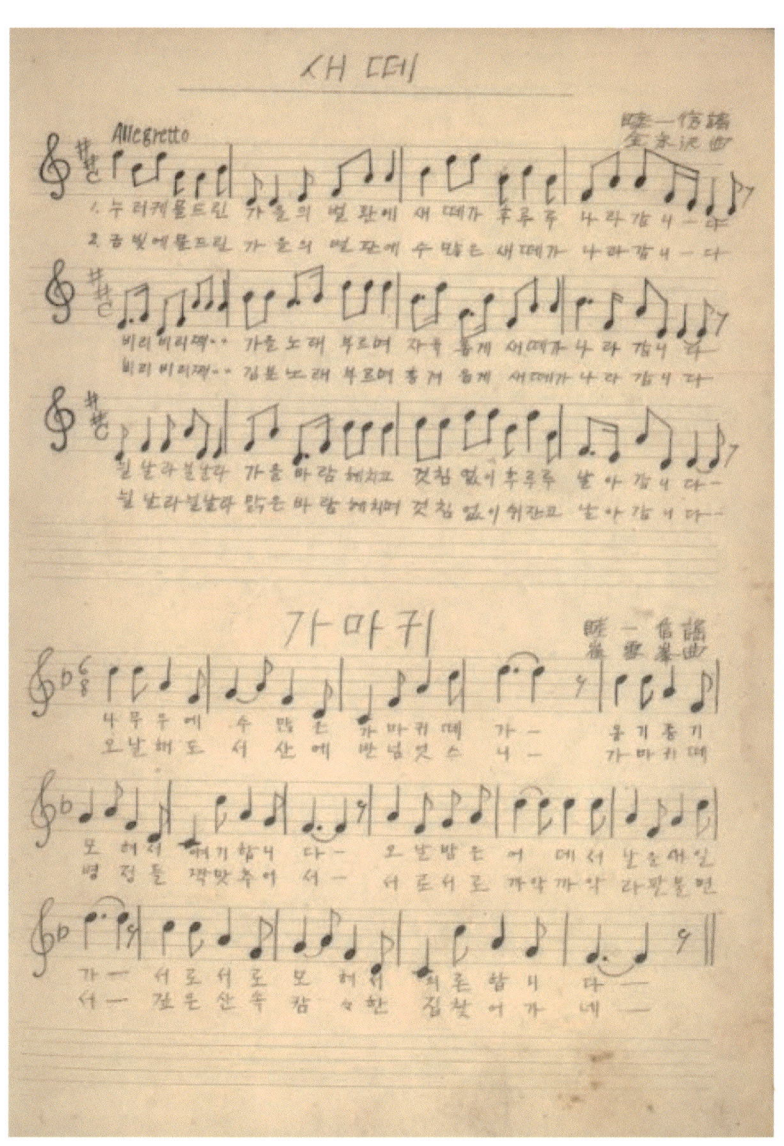

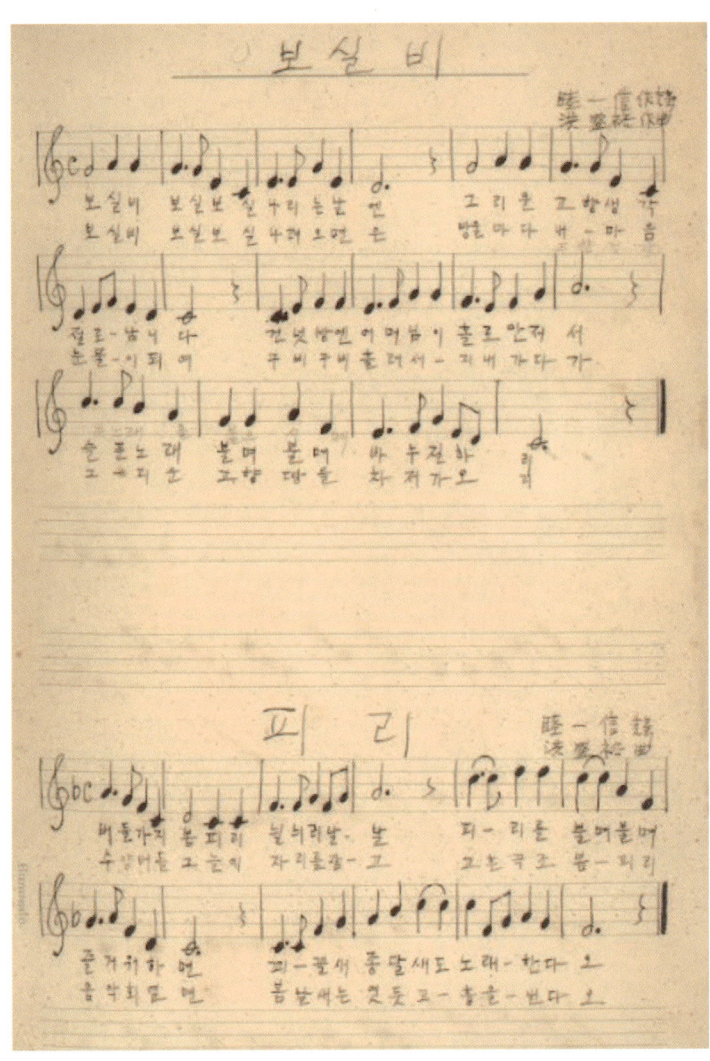

<스크랩북>

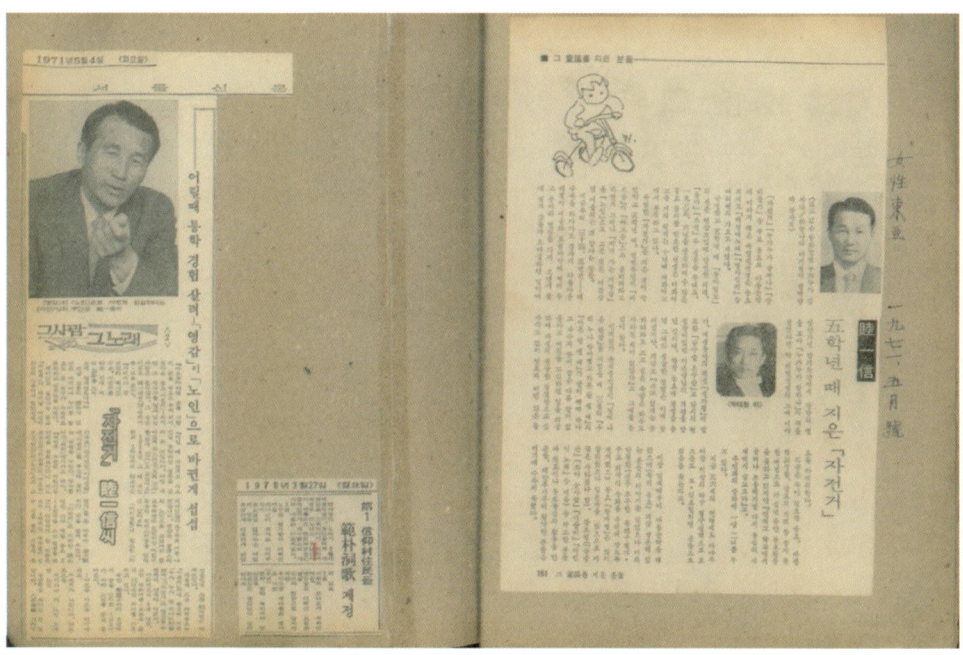

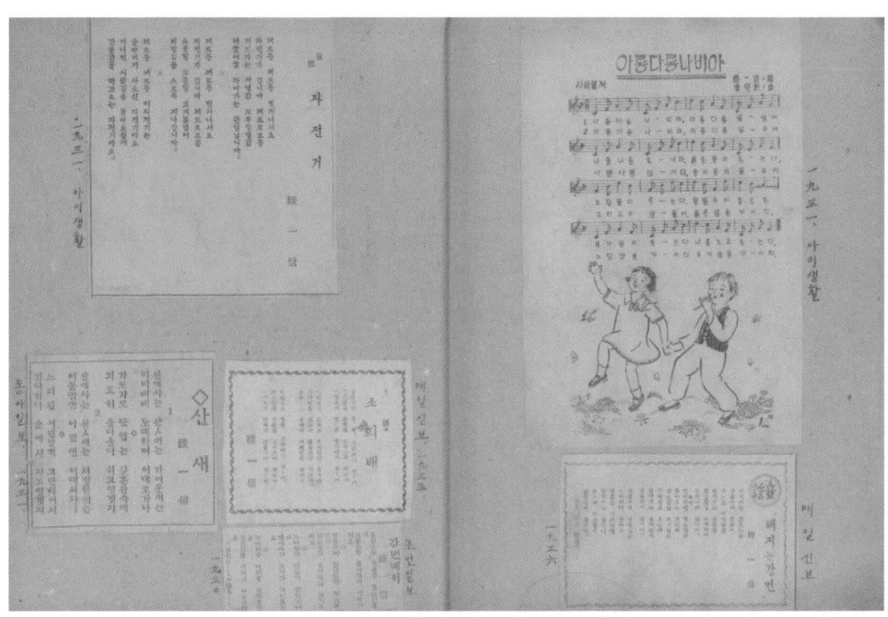

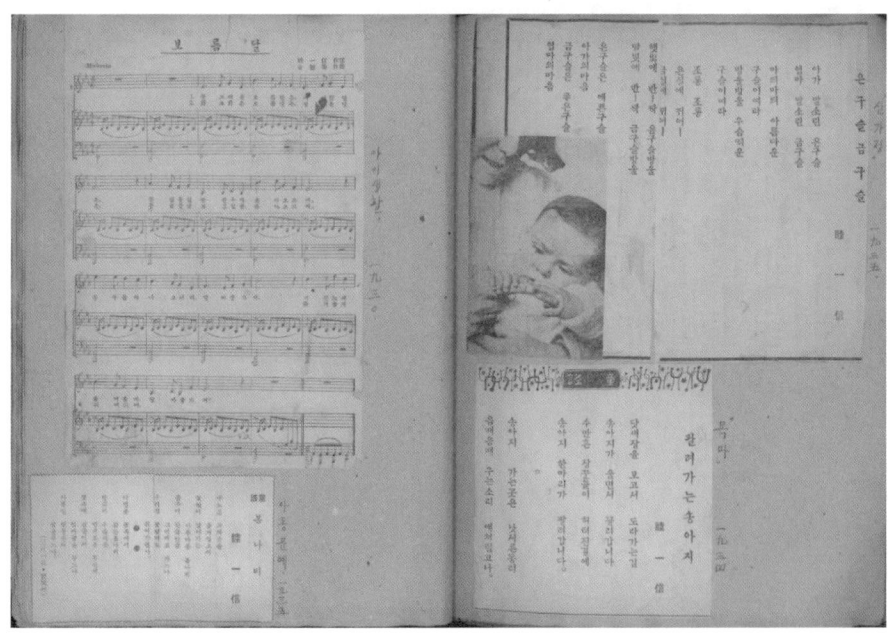

〈발표 당시 작품 원본〉

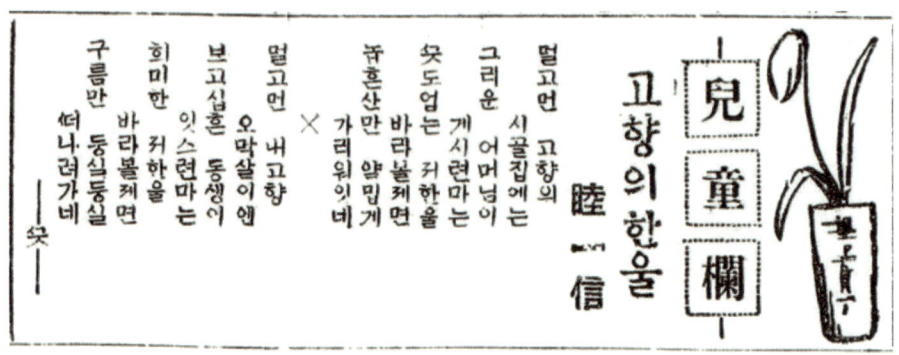

〈동요 「고향의 한울」, 《동아일보》, 1930.3.29〉

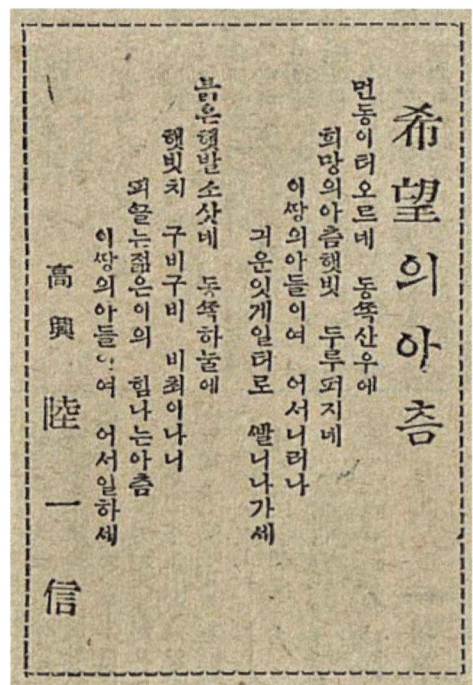

〈동요 「희망의 아츰」,
《매일신보》, 1930.07.22.〉

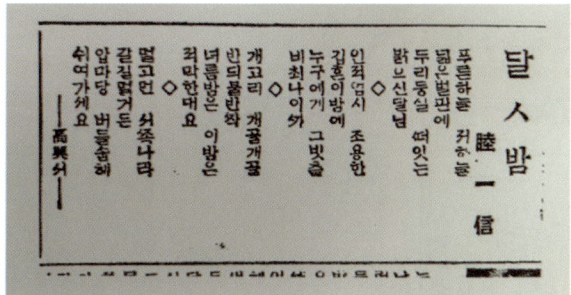

〈동요 「달ㅅ밤」,
《조선일보》, 1930.8.1〉

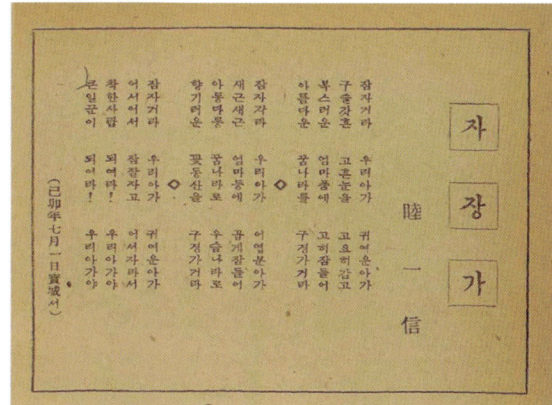

〈동요 「자장가」,
《조선금융연합회》, 1939.9.1〉

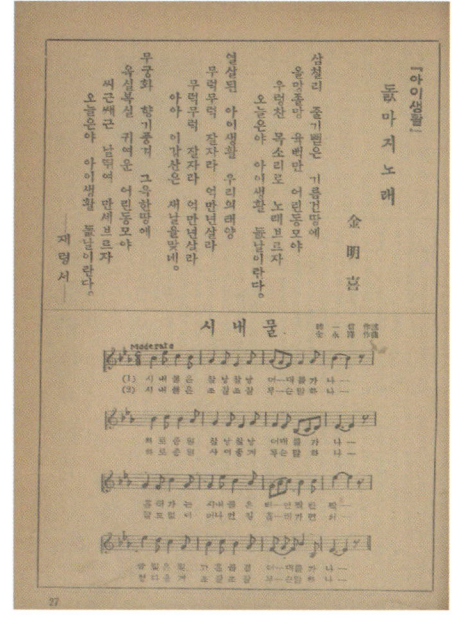

〈동요 「시내물」 악보,
《아이생활》, 1936.3〉

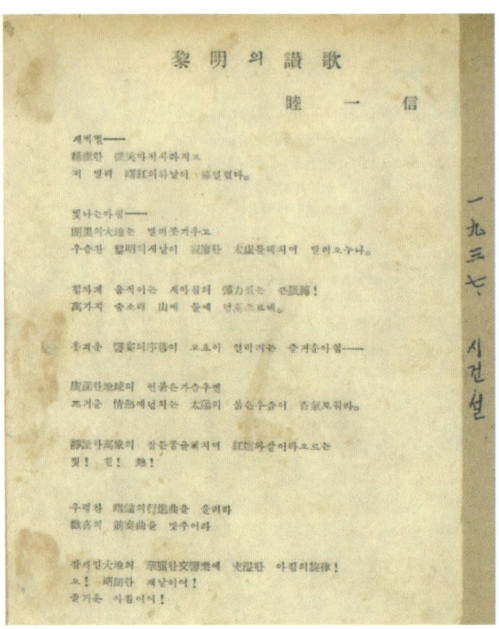

〈시「여명의 찬가」,
《시건설》, 1939.12〉

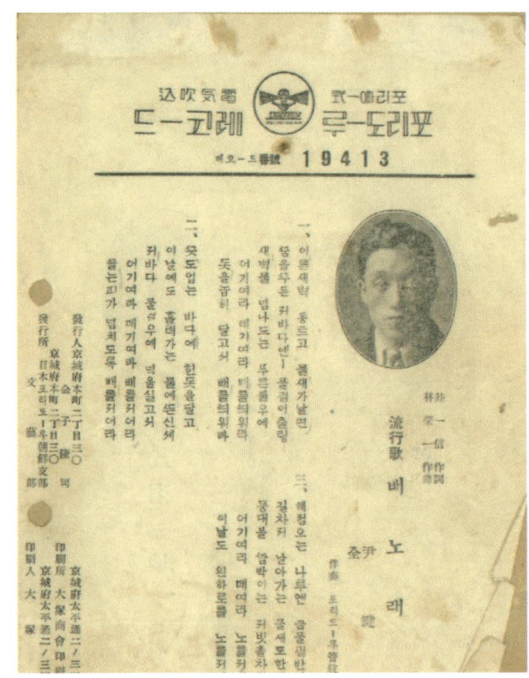

〈유행가「배노래」,
발표연도 미상〉

〈「씩씩한 소년」,
《아이생활》, 1931.8〉

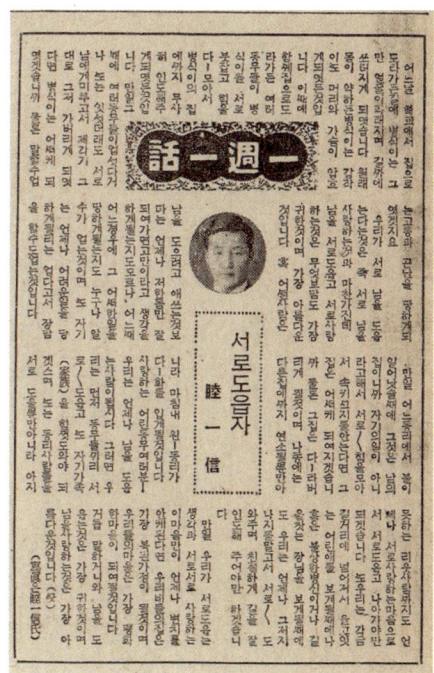

〈「서로 도읍자」,
《매일신보》, 1941.5.19〉

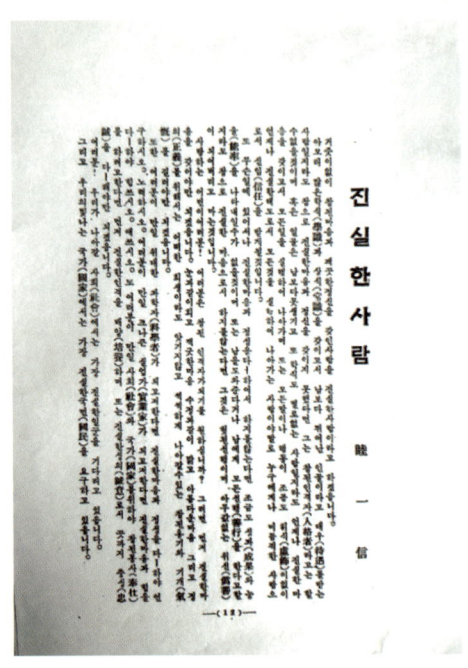

〈「진실한 사람」,
《아이생활》, 1943년 3월호〉

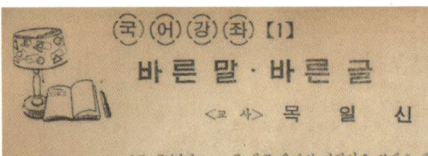

〈「바른말·바른글」, 《배화》, 1959.6-7〉

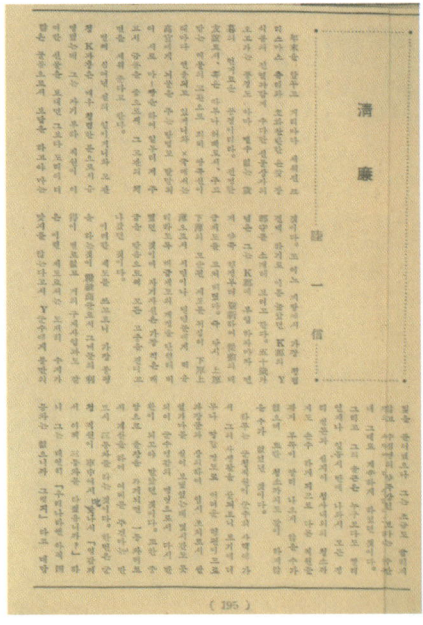

〈산문「청렴」, 《자유문학》, 1960.4〉

〈교과서 수록 작품〉

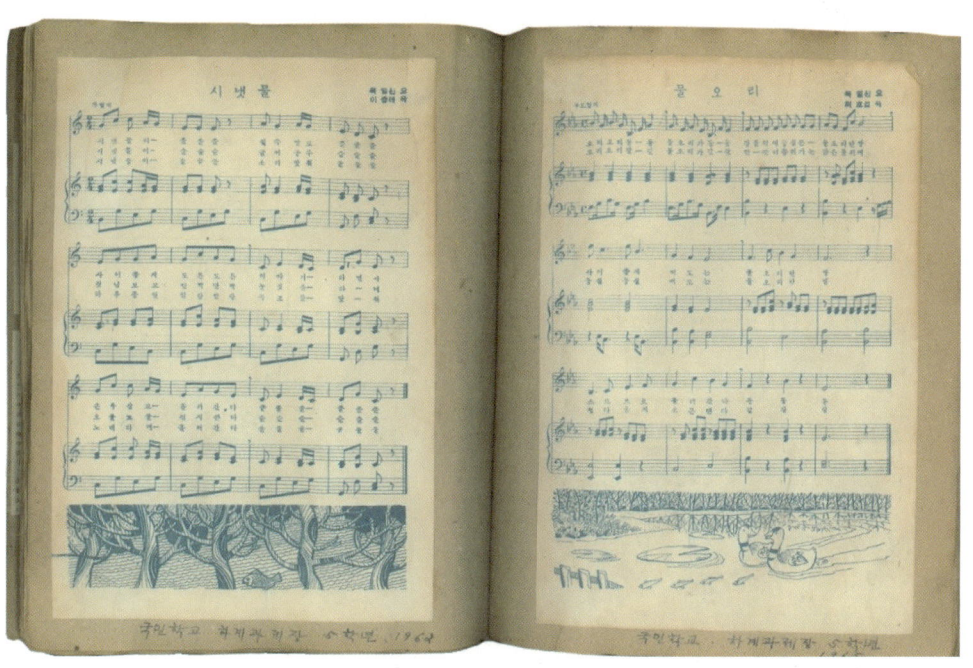

〈1962년 초등학교 5학년 『하계 과제장』, 목일신 스크랩북〉

〈「자전거」, 『음악 2』(1972)〉

〈「누가 누가 잠자나」, 『음악 4』(1973)〉

부록

- 시인 연보
- 작품 연보
- 참고 문헌

□ 시인 연보

1913년(0세) 1월 18일 전라남도 고흥군 고흥읍 행정리 425번지 조부 목인범의 집에서 출생했으며, 이후 본가인 서문리 106번지로 돌아감. 부 목홍석과 모 신치숙의 3남 2녀 중 장남. 본관은 사천(泗川), 족보상의 이름은 원옥(源玉), 호는 은성(隱星)

※ 목일신의 제적등본에는 출생지가 고흥읍 행정리 160번지로 되어 있으나, 사촌 동생 목원삼은 목일신이 실제 살았던 곳은 서문리 106번지라고 함

1919년(6세) 4월 14일 부 목홍석 고흥독립만세운동을 기획하였다가 체포되어 6월 13일 광주지방법원 순천지청에서 보안법 위반으로 징역 6월형을 선고받고 미결기간 포함 총 8월간 옥고를 치르고 12월 12일 만기 출소

1920년(7세) 8월 25일 부 목홍석 고흥기독청년회를 조직하고 회장으로 선출

1921년(8세)	· 4월 부 목홍석이 회장으로 있던 고흥기독청년회는 학교에 입학하지 못한 아이들과 여성들을 위해 사립 '광명학원'과 '야학회' 설립
	· 11월 13일 첫째 남동생 목원태 출생
1922년(9세)	· 9월 24일 부 목홍석 고흥군 동강면 '동강지방청년회'를 창립하고 총무로 선임
	· 10월 3일 부 목홍석 순천성경학교에서 선교사 변요한, 고라복 등과 함께 순천노회 창립
1923년(10세)	· 11월 김철현이 주동이 되어 '고흥어린이수양단' 조직. 목일신은 훗날 보통학교 시절 고흥어린이수양단 회원으로 활동하며 작품을 발표함
1924년(11세)	· 2월 24일 부 목홍석 순천노회로부터 평양신학교 신학생으로 입학을 허가받음. 7월 벌교읍 동막교회에 파송
1925년(12세)	· 3월 16일 둘째 남동생 목원상 출생
	· 6월 부 목홍석 박남수와 발기하여 보성군 조성리에 어린이 교육기관 '신명유치원' 설립
	· 10월 부 목홍석 보성읍교회 3대 교역자로 부임

부록 269

1926년(13세)
- 부 목홍석 보성읍교회에서 사역 중 독립만세운동 당시 투옥되어 일제로부터 받은 고문 후유증으로 건강이 나빠져 고향인 고흥군 점암면 화계교회 제2대 순회 조사로 부임
- 4월 1일 고흥흥양보통학교에 5학년으로 입학

1928년(15세)
- 1월 12일 막내 여동생 목옥순 출생
- 3월 24일 고흥흥양보통학교를 졸업
- 4월 순천 매산학교에 입학
- 《아이생활》 4월호에 동요 「새의 노래」와 산문 2편을 처음으로 발표
- 4월 20일 부 목홍석 구레인 선교사의 주선으로 순천 안력산병원에 입원하여 치료를 받았으나 끝내 회복하지 못하고 사망

1929년(16세)
- 4월 8일 전주 신흥학교 2학년으로 편입

1930년(17세)
- 동요 「참새」가 동아일보 신춘현상공모에, 동요 「시골」이 조선일보 신춘현상공모에 당선
- 1월 25일 광주학생운동에 참여했다가 일제 경찰에 검거되어 29일간의 구류 처분을 받고 전주형무소에 수감되었다가 3월 1일 퇴소
- 3월 20일 전주 신흥학교에서 퇴학당하고 고흥으로

귀향

1931년(18세)   · 1월 1일 동요 「물레방아」 조선일보 신춘현상 공모
　　　　　　　 당선

1933년(20세)   · 경성 충정로 김소운의 집에 기거하며 이상(李箱)과
　　　　　　　 함께 《아동세계》에 근무
　　　　　　　· 8월 경성부 연지동 경신학교에서 김성도 등과 함께
　　　　　　　 학생들에게 한글, 산술, 역사, 지리, 성경, 동화, 동요
　　　　　　　 등을 가르침
　　　　　　　· 11월 '아동예술연구회' 동인으로 참여
　　　　　　　· 오케레코드사 유행 가사 현상공모에 「명사십리」 당선

1934년(21세)   · 1월 1일 유행가사 「새날의 청춘」이 조선일보 신춘현
　　　　　　　 상공모에 당선
　　　　　　　· 4월 《북성》 창간호 집필자로 참여
　　　　　　　· 9월 경성방송국 현상공모에 민요 「동백꽃 필 때」가
　　　　　　　 1등으로 당선
　　　　　　　· 12월 11일 경성방송국(JODK)에서 '동화(童話)' 방송
　　　　　　　 을 시작

1936년(23세)   · 황보익 목사가 1934년 보성읍교회 부설로 세운 4년
　　　　　　　 제 '영신학교' 제2대 교사로 부임

1937년(24세) · 1월 1일 매일신보 신춘현상문예 공모에 유행가사 「꽃피는 청춘」이 당선

1938년(25세) · 일본 간사이대학(關西大學) 전문부 법문학과를 졸업
· 9월 동아일보사 보성지국에서 근무

　　　　　　　※ 대학 졸업 연도가 1937년으로 되어 있는 자료도 있으나 이 책에서는 『배화백년사』에 소개된 내용을 따랐음.

1940년(27세) · 12월 18일 조부 목인범 사망

1942년(29세) · 청진방송국 근무

1943년(30세) · 순천고등여학교 교사로 부임

1948년(35세) · 목포여자중학교 교사로 부임

1950년(37세) · 7월 한국 전쟁을 피해 전남 해남군 북평면으로 피난

1952년(39세) · 목포여자중학교 탁구부 코치로 위쌍숙, 위숙자 쌍둥이 자매를 지도

1953년(40세)	· 제자인 위쌍숙 전국 여자고등학교 탁구대회에 중학생으로 출전하여 개인전 우승. 위쌍숙·위순자 자매 복식전 우승하여 서울대학총장상 수상
1954년(41세)	· 제3회 아시아탁구선수권대회에서 위쌍숙이 이경호와 조를 이루어 남녀혼합복식 우승 · 목일신의 권유로 위쌍숙과 위순자 자매 이화여자고등학교로 전학
1955년(42세)	· 목포여자중학교 사직 후 이화여자고등학교 교사로 부임해 위쌍숙과 위순자 쌍둥이 자매를 계속해서 지도 · 제9회 전국 남녀 종합 탁구 선수권 대회에서 위쌍숙, 위순자 여자 복식전 우승 · 7월 2일 한국자유문학자협회 아동문학분과 위원으로 선출
1956년(43세)	· 2월 12일 위쌍숙 서울신문사 제정 제1회 한국체육상 수상 · 4월 일본 동경에서 열린 제23회 세계탁구선수권대회에서 위쌍숙이 여자부 개인전 단식에서 5위를 차지
1957년(44세)	· 광주 국학도서출판관에서 동요집 『물레방아』 발간

1958년(45세)	· 3월 이화여자고등학교 사임
	· 4월 1일 서울 배화여자중·고등학교 국어 교사로 부임
	· 4월 6일 둘째 남동생 목원상 사망
1960년(47세)	· 경기도 부천시 소사구 범박동으로 이주
	· 3월 1일 오전 교내에서 3·1절 41주년 기념식 거행 후 저녁에 파고다 공원에서 열린 3·1절 기념 횃불 행렬에 학생 교사들과 함께 참여
	· 배화여자중·고등학교 정구부 감독으로 동아일보 주최 제38회 여자연식정구대회에 출전
1962년(49세)	· 12월 17일 모 신애은 사망
1968년(55세)	· 1월 15일 정경자와 혼인
	· 7월 13일 장녀 목민정 출생
1970년(57세)	· 1월 18일 차녀 목수정 출생
1972년(59세)	· 3월 11일 장남 목진영 출생
1975년(62세)	· 「고흥군민의 노래」 작사

1977년(64세)	· 8월 19일 모교인 고흥동초등학교 교정에 「누가 누가 잠자나?」 노래비 건립 · 9월 5일 조모 류정서 사망
1978년(65세)	· 2월 28일 배화여자중·고등학교 정년퇴직. 국민포장 문화장 추서 · 노인대학 강사, 신학원 강사 등을 역임
1986년(73세)	· 10월 12일 새벽 신장 기능 이상으로 경기도 부천시 범박동 자택에서 타계 · 경기도 시흥시 장곡동 군자공동묘지에 안장
1992년	· 부 목홍석 독립운동 공로를 인정받아 건국훈장 애족장 추서
1996년	· 10월 10일 부 목홍석 국립 대전현충원 독립유공자 묘역에 안장
2000년	· 부천시 부천중앙공원에 「자전거」 노래비 건립
2003년	· 부천시에 목일신의 이름을 딴 일신초등학교와 일신중학교 설립 · 부천시 소사구 소사본동에서 계수동 구간을 목일신의 호를 따서 '은성로'로 지정

2009년	· 고흥종합문화회관에 동요 「자전거」 노래비 건립
2010년	· 제1회 목일신동요제
2011년	· 제2회 목일신동요제 · 목일신 동시집 『따르릉 따르릉 비켜나세요』 발간
2012년	· 제3회 목일신동요제
2013년	· 탄생 100주년을 맞아 『목일신 전집』과 『목일신 동요곡집』 출간 · 제4회 목일신동요제
2014년	· '광주학생독립운동동지회' 가입 후 광주학생운동기념관 참배관에 영정을 모심 · 제5회 목일신동요제 및 동시대회
2015년	· 전남 고흥군 고흥읍 남계리에서 행정리 구간이 '목일신문화예술거리'로 지정 · 제6회 목일신동요제 및 동시대회 · 부천시 소사구 괴안동 동남사거리에 「자전거」 조형물 건립

2016년	· 제7회 목일신동요제 및 동시대회
	· 제1회 따르릉문화예술제
2017년	· 부천시 괴안동에 '목일신공원' 건립
	· 부천시 심곡 시민의 강에 '목일신교' 건립
	· 제8회 목일신동요제 및 동시대회
	· 제2회 따르릉문화예술제
2018년	· 5월 11일 목일신문학포럼
	· 제9회 목일신동요제 및 동시대회
	· 7월 28일 사단법인 따르릉목일신문화사업회(이사장 양재수) 출범
	· 제3회 따르릉문화예술제
2019년	· 목일신아동문학상 제정 운영위원회 결성 및 운영위원 위촉.
	- 운영위원장: 고경숙
	- 운영위원: 김경식, 서안나, 이종섭, 정순옥
	- 당연직 운영위원: 이사장 양재수, 유족대표 목민정
	· 제1회 목일신아동문학상 공모 및 시상식(동시 부문)
	· 제10회 목일신동요제 및 동시대회
	· 제4회 따르릉문화예술제

2020년	· 7월 6일 부천시립 별빛마루도서관 1층에 목일신문학체험터 개관
	· 제2회 목일신아동문학상 공모 및 시상식
	(동시·동화 부문)
2021년	· 목일신동시전집 『산시내』 발간
	· 제5회 따르릉문화예술제
	· 제3회 목일신아동문학상 공모 및 시상식
	(동시·동화 부문)
2022년	· 재단법인 목일신문화재단(이사장 양재수) 출범
	· 제6회 따르릉문화예술제
	· 제4회 목일신아동문학상 공모 및 시상식
	(동시·동화 부문)
2023년	· 탄생 110주년 목일신문학심포지엄
	· 제1회 목일신캠프백일장
	· 제7회 목일신따르릉예술제
	· 제5회 목일신아동문학상 공모 및 시상식
	(동시·동화 부문)

작품 연보 1 - 동요

작품명	발표지	발표연도	비고
새의 노래	아이생활	1928.4	
사벽별	별나라	1928.7	
나팔 소리	아이생활	1928.8	
산시내	동아일보	1928.8.1	
나무꾼	동아일보	1929	
바람	아이생활	1929.2	
눈 오시는 밤	아이생활	1929.3	
봄비	아이생활	1929.5	
희하(喜夏)	아이생활	1929.8	
느티나무	아이생활	1929.9	
가을	아이생활	1929.10	
우리 아버지	동아일보	1929.10.20	
단풍의 산ㅅ길	조선일보	1929.10.22	
시냇물	아이생활	1929.11	
길가의 뎐등	조선일보	1929.11.13	
꼿병	조선일보	1929.11.14	
구루마	조선일보	1929.11.17	
나의 동생	조선일보	1929.11.19	
비석	동아일보	1929.11.19	

물새	조선일보	1929.11.26	
국화꽃	아이생활	1929.12	
어린 새	조선일보	1929.12.3	
겨울의 산새	조선일보	1929.12.11	
잠자는 쪼트	조선일보	1929.12.14	
겨울밤	조선일보	1929.12.15	
그리운 언니	동요시인	1930	
봄버들	신소년	1930	
참새	동아일보	1930.1.1	신춘문예 당선작
시골	조선일보	1930.1.4	신춘문예 당선작
물오리	조선일보	1930.1.19	
눈 오는 날	조선일보	1930.1.26	
은하수	조선일보	1930.1.26	
눈꼿	조선일보	1930.1.31	
갈닙 배	동아일보	1930.2.4	
꿈나라	동아일보	1930.2.4	
어린아이	동아일보	1930.2.19	
전보ㅅ대	중외일보	1930.3.17	
고향의 한울	동아일보	1930.3.29	
봄비	조선일보	1930.3.29	
수양버들	신소년	1930.4	
봄나븨	조선일보	1930.4.5	
사공의 아들	조선일보	1930.4.5	

글 읽는 누나	조선일보	1930.4.13	
피리	조선일보	1930.4.13	
우리 옵바	조선일보	1930.4.16	
산새	조선일보	1930.4.21	
보슬비	조선일보	1930.4.27	
낙화	조선일보	1930.5.4	
꼬부랑 시내	조선일보	1930.5.10	
바닷가	조선일보	1930.5.12	
산시내	조선일보	1930.5.18	
반쪽달	조선일보	1930.5.24	
시냇물	조선일보	1930.5.30	
저녁 하눌	조선일보	1930.5.30	
개구리 우는 밤	신소년	1930.6	
봄비	아이생활	1930.6	
비 오는 밤	별나라	1930.6	
초저녁	조선일보	1930.6.11	
강변에서	조선일보	1930.6.13	
달ㅅ밤	조선일보	1930.6.13	
낙시질	조선일보	1930.6.18	
녀름밤	조선일보	1930.6.20	
물새	신소년	1930.7	
녀름	학생	1930.7	
심부름	조선일보	1930.7.6	

어머님	조선일보	1930.7.17	
느트나무	조선일보	1930.7.20	
녀름 비	조선일보	1930.7.22	
녀름 숩풀	조선일보	1930.7.22	
희망의 아츰	매일신보	1930.7.22	
쓰러졌네	조선일보	1930.7.25	
녀름밤	조선일보	1930.7.27	
제비	아이생활	1930.8	
달ㅅ밤	조선일보	1930.8.1	
졈으름	조선일보	1930.8.1	
비	조선일보	1930.8.2	
비 오는 밤	조선일보	1930.8.2	
긔차	조선일보	1930.8.19	
소낙비	조선일보	1930.8.29	
잠자는 시게	아이생활	1930.9	
잠자는 아기	조선일보	1930.9.4	
무지개	조선일보	1930.9.19	'은성'으로 발표
첫가을	어린이	1930.10	
새 쩨	조선일보	1930.10.2	
보름달	동아일보	1930.10.8	
가을(1) 물들인 가을	조선일보	1930.10.9	
가을(3) 버레 우는 가을	조선일보	1930.10.9	
가을(2) 새 보는 가을	조선일보	1930.10.11	

가을 길	조선일보	1930.10.12	
가을(4) 달 밝은 가을	조선일보	1930.10.15	
가을(완) 가시는 가을	조선일보	1930.10.26	
가을이 오면	아이생활	1930.11	
한울	조선일보	1930.12.14	
느진 봄	어린이	1930.4-5	
가을	아이생활	1931	
젊은이의 노래	종교교육	1931.1	
물네방아	조선일보	1931.1.1	신춘문예 당선작
기럭이 나라 가면	매일신보	1931.1.24	'은성'으로 발표
봄노래	동아일보	1931.2.27	
어린 별	아이생활	1931.3	
아츰이라네	신소년	1931.6	'목은성'으로 발표
자전거	아이생활	1932	
눈	중앙일보	1932.2.11	
새날의 행진곡	아이생활	1932.2	
봄비	아이생활	1932.4	
바람	북성	1933	
푸른 숲울	목마	1933	
편지	조선일보	1933.8.22	
아츰이 오면	조선일보	1933.9.14	
가을	동아일보	1933.11.2	
가을밤	동아일보	1933.11.2	

전화	조선일보	1933.11.30	
새날의 일군	조선일보	1934.1.3	
눈 오는 밤	동아일보	1934.1.21	'목옥순'으로 발표
신문 장수	조선일보	1934.1.27	
반쪽 달	조선일보	1934.1.30	'김부암'으로 발표
자동차	조선일보	1934.3.28	'김부암'으로 발표
참새들의 이애기	매신	1934.6	'목은성'으로 발표
우체통	아이생활	1934.7	
조각 달님	조선중앙일보	1934.8.9	'김부암'으로 발표
자장 노래	아이생활	1934.9	
거미	조선중앙일보	1934.9.22	'김부암'으로 발표
별따기	조선중앙일보	1934.10.26	'임일영'으로 발표
구름	동아일보	1934.10.28	'임일영'으로 발표
우리 아기	아이생활	1934.11	
가마귀 학교	동아일보	1934.11.18	
기럭이	조선중앙일보	1934.11.26	'임일영'으로 발표
가락닢	동아일보	1934.12.16	
구름	매일신보	1935	
까마귀	목은성동요집	1935	
눈	목은성동요집	1935	
봄 나비	아동문예	1935	
외로운 방아	목은성동요집	1935	
우리 애기	아동문예	1935	

자장가	아동문예	1935	
종이비행기	아동문예	1935	
팔려 가는 송아지	목마	1935	
반짝반짝	아이생활	1935.3	
서울 가는 기차	동아일보	1935.3.3	
구루마	동아일보	1935.3.10	
꼬부랑 산길	동아일보	1935.3.31	
물오리	아이생활	1935.4	
참새	조선중앙일보	1935.4.4	'김부암'으로 발표
노래 (1)	동아일보	1935.4.14	
노래 (2)	동아일보	1935.4.14	
은구슬 금구슬	신가정	1935.5	
봄노래	동아일보	1935.5.5	
달과 별	동아일보	1935.6.2	
산비둘기	동아일보	1935.6.30	
누가 누가 잠자나?	신가정	1935.7	
아롱다롱 나비야	신가정	1935.7	
힌구름	아이생활	1935.7	
시내물	동아일보	1935.7.21	
소야! 소야!	아이생활	1935.8	
개아미	조선중앙일보	1935.8.23	'김부암'으로 발표
금붕어	조선중앙일보	1935.8.23	'김부암'으로 발표
아침 이슬	동아일보	1935.8.25	

해 지는 강변	아이생활	1935.9	
갈바람 솔-솔-	아이생활	1935.10	
꽃송이	아이생활	1935.10	'김부암'으로 발표
비누방울	동아일보	1935.10.13	
물결	동아일보	1935.11.3	
밤 노래	아이생활	1935.12	
가마귀 병정	아이생활	1936	
눈!	아이생활	1936	'은성 목일신'으로 발표
아츰	동화	1936.1	
눈송이	동아일보	1936.2.18	
시냇물	아이생활	1936.3	
물레방아	동아일보	1936.3.29	
달!	아이생활	1936.4	
봄나비	동아일보	1936.4.19	
빗방울	아이생활	1936.9-10	
고기ㅅ배	아동문예	1936.12	
바다	아이생활	1937.2	
조희배	매일신보	1937.2.7	
아침 햇님	매일신보	1937.2.21	
봄비	매일신보	1937.3.7	
초생달	매일신보	1937.3.9	
봄버들	매일신보	1937.3.22	
불어라 봄바람	매일신보	1937.4.7	

산	아이생활	1937.5	
병아리	매일신보	1937.6.27	
해 지는 강변	매일신보	1937.6.29	
반딋불	아이생활	1937.9	
가을 달	아이생활	1937.11	
달밤의 뱃노리	아이생활	1938.6	
구름배	동아일보	1938.10.2	
달님	아이생활	1938.12	
봄노래	매일신보	1939.4.23	
자장가	가정지우 24호	1939.9	
비행기	동아일보	1939.11.12	
시내물	동아일보	1939.12.3	
하늘	동아일보	1940.1.28	
봄소식	동아일보	1940.5.13	
별	매일신보	1941.3.24	
햇님	매일신보	1941.4.28	
외로운 등불	아이생활	1942.3	
보슬비	새벗	1952	
기차	새벗(악보)	1952.4	
별나라 꽃나라	이동수작곡집	1954	
사공의 노래		1954	
새해가 떴다	동아일보	1955.1.1	
시냇물	전남일보	1955.9.11	

달이 떴다	아이생활	1957	
봄비	전남일보	1959.5.17	
경성의 노래?			
굴둑			
가마귀			
가마귀 병정			
눈			
눈			
달아 달아			'목은성'으로 발표
매아미			
밤ㅅ길			
봄노래			
봄노래			'목은성'으로 발표
산고개			
살랑살랑			
새동무			
서리 온 아츰			
시골길			
넷날의 노래			
자장노래-인형 재우는 노래			
전화			
주님의 사랑			
휘파람			'은성 목일신'으로 발표

작품 연보 2 – 산문

작품명	발표지	발표연도	비고
따뜻한 봄이 왔습니다	아이생활	1928.4	
우리의 삼천리강산	아이생활	1928.4	
바다를 찾아서	아이생활	1928.8	
느저진 가을에	아이생활	1928.11	
우리의 길	아이생활	1929.1	
지난 3년간 기념호는	아이생활	1929.4	
아버님의 애독하시는	아이생활	1929.5	
느저가는 봄	아이생활	1929.6	
꽃주일 기념호애 그같이	아이생활	1929.7	
여름	아이생활	1929.7	
지난 칠월호의	아이생활	1929.8	
하기방학	아이생활	1929.8	
고향의 여름	아이생활	1929.9	
첫가을	아이생활	1929.10	
가을의 감	아이생활	1929.11	
느저가는 가을 사랑하는 벗에게	아이생활	1929.12	
규칙적생활	어린이	1929.7-8	
아이생활의 5주년 기념을 마즈며	아이생활	1931.3	
씩씩한 소년	아이생활	1931.8	

편집후기	아동세계	1933	
봄이 온다	아이생활	1933.3	
기쁘든 설	아이생활	1935	
시골의 가을	아이생활	1936.11	
서늘한 가을아 어서 온	아이생활	1937.9	
영원히 영원히	아이생활	1939.3	
서로 도웁자	매일신보	1941.5.19	
노력	매일신보	1941.6.23	
오늘	매일신보	1941.7.14	
좁은 생각을 버리고 넓은 마음을 갓자	매일신보	1941.10.12	'목신일'로 표기
참된 마음	아이생활	1942.3	
희생적 정신	아이생활	1942.7	
진실한 사람	아이생활	1943.3	
바른 글을 쓰자1	거울 46	1955.4.25	
바른 글을 쓰자2	거울 48	1955.5.9	
오늘은 한글날-509주년을 맞이하여	거울 65	1955.10.10	
틀리기 쉬운 낱말 사전-연재	향학	1956	
혈투의 2년-『거울』과 『외별』 선생	거울 85	1956.4.2	
거울 100호에 보내는 글	거울 100	1956.7.16	
『거울』실을 떠나는 박승훈선생을 말함	거울 106	1956.10.1	
여름방학과 누나	새벗	1957	
올바른 사람	거울	1957.6.18	
담임선생님 장례식에서의 조사(弔辭)	식사연설전서	1958	

친절주간	자유문학	1958.2	
제목없음	배화26	1958.4	
제자가 진학 했을 때 그 기쁨을 위하여	현대	1958.4	
K교사	신문예	1958.7	
이종선수필집『접동새』서평	조선일보	1958.11.8	
젊은 벗에게	기독교사상	1959.3	
첫째 예의 바르게	현대	1959.4	
국어강좌 2-바른말·바른글 2	배화39	1959.9	
오늘은 한글날-513주년을 맞이하여	배화40	1959.10	
국어강좌 1-바른말·바른글 1	배화38	1959.7-8	
운동정신	학원	1960.2	
청렴	자유문학	1960.4	
한마음 한뜻-교편생활 18년의 회고	배화	1961	
참된 운동정신	학원	1963.3	
고운 말을 쓰자	배화54	1966.1.25	
예의와 겸양	배화56	1967.1.26	
바른 미와 예절	배화58	1968.1.20	
진선과 위선	여원	1968.10	
바른 예절	배화62	1970.1.20	
여학생의 이모저모	진학	1970.3	
참된 선행과 위선	배화64	1971.1.20	
해남의 달빛	배화67	1973.1.10	
나의 습작시대 회고담	아동문학	1974.1	

독립개점을 권고	서간문전서		
아드님의 결혼을 축함	서간문전서		
원로(遠路)를 오셨는데 부재중이어서	서간문전서		
원정 중인 선수를 격려	서간문전서		
잊혀지지 않는 동화-용감한 메리			
차금(借金)을 반환하며	서간문전서		
친절한 사람이 됩시다			

작품 연보 3 – 시와 가사

작품명	발표지	발표연도	비고
종이 운다	조선일보	1930	
봄이 왔다고	동광 21호	1931.5	
새벽이여	동광 23호	1931.7.5	
새날의 청춘	조선일보	1934.1.13	신춘문예 유행가 당선작
님의 가신 길	매일신보	1934.3.3	'김부암'으로 발표
넷꿈이런가	매일신보	1934.4.10	'임일영'으로 발표
동백꽃 필 때	조선중앙일보	1934.9.21	'임일영'으로 발표 경성방송국 공모 신민요 1등 당선작
대동강	동아일보	1934.11.03	'임일영'으로 발표
청춘의 가슴	리갈	1935.1.20	
농부의 노래	농민생활	1936.3-4	
신농부가	콜롬비아	1936.7	'임일영'으로 발표
이별곡	시인춘추	1937	'일신'으로 발표
영춘곡(迎春曲)	매일신보	1937.1.15	신춘문예 유행가 당선작
별!	시인춘추	1937.6	
저 달이 지면	오케이레코드	1938	
포구의 황혼	시건설	1938.8.1	
청춘송가(靑春頌歌)	초원	1939.9	
여명(黎明)의 찬가(讚歌)	시건설	1939.12.30	

새날이 밝어 오네		1945.10.10	
순천여학교 교가		1946.4.5	
순천여자중학교 응원가		1947.5.15	
멸공(滅共) 노래	전우	1951	'은성'으로 발표. 군가 공모 당선작
목포여자중학교 송가(頌歌)	갈매기	1951	
자유의 종	갈매기	1951	
갈매기	갈매기	1951.2	
해병대 노래		1955	
오월과 연꽃	거울	1955.5.2	
거울 백호(百號)의 노래	거울	1956.7.16	
배화교가	배화 100년사	1958.9	
연꽃	배화	1964.1.30	
배화응원가	배화 100년사	1964.5	
고흥군민가		1975	
범박동가(範朴洞歌)		1978.3.27	
오류여자중학교 졸업가		1982	
pary song			
경성찬가			
고깃배	콜롬비아		
낙화(洛花)	영화시대		'김소영'으로 발표. 유행가 당선작
달빛이 흘러흘러			
명사십리	오케이레코드		문호월 작곡, 김연월 노래

명사십리	오케이레코드		문호월 작곡, 김광남 노래
배화찬가			
배ㅅ노래	포리도루레코드		
에헤야 타령	포리도루레코드		
배화여선교회가			
사공의 노래			
제1,2,3 신앙촌 송가			

⟨참고 문헌⟩

1. 기본자료

1) 신문

《경향신문》,《동아일보》,《매일신보》,《자유문학》,《조선일보》,
《조선중앙일보》,《중앙일보》,《한국일보》

2) 잡지

《거울》,《동화》,《배화》,《별나라》,《새벗》,《소년》,《신가정》,
《아동문학》,《아이생활》,《어린이》

3) 전집 및 선집
- 목일신 스크랩북
- 목일신 동시전집, 『산시내』, 문학수첩, 2021.
- 『목일신 동시집』, 고흥군, 2011.
- 이동순 엮음, 『목일신 전집』, 소명출판, 2013.
- _____ 엮음, 『목일신 동요곡집』, 소명출판, 2013.
- 장정희 엮음, 『목일신·김일로 동시선집』, 지식을만드는지식, 2015.

2. 논문 및 평론
- 문선아, 「일제 강점기 시대의 한국 창작 동요에 관한 고찰: 목일신을 중심으

로」,《동양예술》제43호, 한국동양예술학회, 2019.
- 송현강, 「고흥 향리와 기독교」,《기독교사상》통권 760호, 대한기독교서회, 2022.
- 송호철, 「근대 고흥 기독교의 수용과 활동」,《인문학술》통권 제4호, 순천대학교 인문학술원, 2020.
- 신현득, 『한국동시사연구』, 단국대학교 대학원 박사학위논문, 2001.
- 유재숙, 「타문화 선교 관점에서 본 한국 초기 개신교회의 문서선교 역사: 1876-1945년까지의 기간을 중심으로」, 합동신학대학원대학교 석사학위논문, 2004.
- 이동순, 「자전거를 타고 오는 사람, 동요작가 목일신」,《문학들》제30호, 심미안, 2012.
- _____, 「동요작가 목일신의 문학적 생애」,《한국문학이론과 비평》제58집, 한국문학이론과 비평학회, 2013.
- _____, 「목일신 작품 서지오류와 발굴작품 의미연구」,《어문논집》제93집, 중앙어문학회, 2023.
- 이승란, 「호적제도에 관한 고찰」, 목포대학교 경영행정대학원 석사학위논문, 2003.
- 이정석, 「찌르릉! 목일신 동요 연구」, 한국아동문학연구 제20호, 2011.
- _____, 「1930년대 대표 동요시인 목일신의 문학 특성」,《兒童文學評論》 2014년 봄호, 아동문학평론사, 2014.
- 정다운, 「목일신 동시의 혁명적 이미지 고찰」,《語文論叢》제26호, 전남대학교 한국어문학연구소, 2014.
- 정진헌, 「1920년대「별나라」동요연구」,《아동청소년문학연구》제17호, 한국아동청소논문학학회, 2015.
- 최명표, 『『아이생활』연구」,《한국아동문학연구》제24호, 한국아동문학학회,

2013.
- 황수대, 「목일신 동시 연구」, 《한국아동문학연구》 제23호, 한국아동문학학회, 2012.
- _____, 「1930년대 동시 연구-목일신·강소천·박목월을 중심으로」, 고려대학교 대학원 박사학위논문, 2013.

3. 단행본
- 김대현, 『김대현동요작곡집 자전거』, 세광출판사, 1982.
- 김윤식, 『이상 전집 2』, 문학사상사, 1991.
- 근대문학 100년 연구총서 편찬위원회, 『약전으로 읽는 문학사 1』(해방 전)』, 소명출판, 2008.
- 도종환, 『어린이를 노래하다 - 한국 동요의 선구자 정순철 평전』, 미디어창비, 2022.
- 류덕희·고성휘, 『한국동요발달사』, 한성음악출판사, 1996.
- 박선욱, 『윤이상 평전 - 거장의 귀환』, 삼인, 2017.
- 박태현, 『박태현 동요100곡집』, 가야음악문화사, 1959.
- 백종근, 『예수와 함께 조선을 걷다 - 조선 선교사 하위렴의 선교행전』, 해드림출판사, 2023.
- 백창섭·장호강, 『항일독립운동사』, 아동문학사, 1987.
- 시노하라 쇼조 외, 『JODK 조선방송협회 회상기』, 커뮤니케이션북스, 2006.
- 신금식, 『고흥의 큰바위 얼굴』, 고흥타임즈, 2012.
- 양전백 외, 『조선예수교장로회사기-하권』, 한국기독교사연구소, 2017.
- 원종찬 엮음, 『한국아동문학총서』, 역락, 2010.
- 유경환, 『한국현대동시론』, 배영사, 1979.
- 이동수, 『이동수 동요작곡집』, 향도출판사, 1954.

- 이동순, 『광주전남의 숨은 작가들』, 케포이북스, 2014.
- 이상현, 『한국아동문학론』, 동화출판공사, 1976.
- 이재철, 『한국현대아동문학사』, 일지사, 1978.
    _____, 『한국아동문학연구』, 개문사, 1983.
    _____, 『세계아동문학사전』, 계몽사, 1989.
- 차재명, 『조선예수교장로회사기-상권』, 한국기독교사연구소, 2014.
- 학원사편집국, 『식사 연설 웅변전서』, 학원사, 1959.
- 한국아동문학연구센터 편, 『한국아동문학 연구자료총서』, 국학자료원, 2012.
- 한국아동청소년문학학회, 『100개의 키워드로 읽는 한국아동청소년문학』, 창비, 2023.
- 한정호, 『서덕출 전집』, 경진, 2010.
- 황규학, 『나의 신앙 유산답사기-전남편』, 에셀나무, 2021.

4. 기타

- 『고흥 발자취 100선』, 고흥군, 2014.
- 『고흥동초등학교백년사』, 고흥동초등학교, 2011.
- 『배화백년사』(배화학원, 1999)
- 『보성읍교회 100년사』, 대한예수교장로회 보성읍교회, 2017.
- 『순천시기독교역사박물관』, 순천시기독교역사박물관, 2018.
- 『신흥90년사』, 전주신흥중·고등학교, 1990.
- 『이화백년사』, 이화여자고등학교, 1994.
- 『제1집 회의록』, 대한예수교 장로회 순천노회, 1986.
- 『화계교회 100년사』, 대한예수교장로회 화계교회, 2022.

5. 인터넷 자료

- 김기철, 「이광수 · 김억 · 김동환이 유행가 작사에 뛰어든 이유는?」, 조선일보, 2021. 11. 27.
- 박해연, 「일본 제국주의에 정면으로 맞선 고흥 3·1운동」, 《무등일보》, 2019. 12. 24.
- 소재열, 「고흥 거금도(금산) 기독교 복음의 전래」, 리폼드뉴스, 2022. 2. 25.
- 하태민, 「고흥군, 천경자·목일신 생가길 문화거점 조성」, 《한국일보》, 2019. 5. 26.
- 고령신씨 대종회(http://www.goshin.or.kr)
- 고흥군청 홈페이지(www.goheung.go.kr)
- 고흥문화예술인(art.goheung.go.kr)
- 국립어린이청소년도서관(www.nlcy.go.kr)
- 국립중앙도서관(www.nl.go.kr)
- 국가보훈부 홈페이지(www.mpva.go.kr)
- 국회도서관(www.nanet.go.kr)
- 다음백과(100.daum.net)
- 목일신문화재단 홈페이지(mokilsin.org)
- 부천시청 홈페이지(www.bucheon.go.kr)
- 사천목씨 종친회(www.moksi.or.kr)
- 위키백과(ko.wikipedia.org)

목일신 평전

2023년 12월 15일 초판 1쇄 발행
2025년 7월 20일 초판 2쇄 발행

지은이 | 황수대
펴낸이 | 김수왕
편집디자인 | 윤영진
펴낸곳 | 도서출판 초록달팽이
출판등록 | 제572-2021-000022호
주소 | 28761 충북 청주시 상당구 호미로 168, 2층
이메일 | dalpaeng-i@naver.com

ⓒ 황수대 2023

ISBN 979-11-93400-08-1 03810

* 이 책 내용의 일부 또는 전부를 재사용하려면 반드시 저작권자와
  도서출판 초록달팽이 양측의 동의를 받아야 합니다.